午堂登紀雄——著
陳畊利——譯

努力有底線，不拚更能贏

「對的放棄」徹底擺脫壓力煩惱，
學會轉彎「設立停損點」，走出不一樣的成功人生

人生は「あきらめる」
ほうがうまくいく!

方言文化

前言

扔掉手中石頭，才能拿桌上鑽石

二〇二〇年，嚴峻的疫情在全世界掀起一股極為劇烈的風暴！受到疫情的影響，許多人被迫必須放棄很多事情，無論是中斷自己的事業、暫停學業、放棄原本的工作，甚至連婚喪喜慶等都不得不取消……。

這種「放棄的心情」多帶有不甘、痛苦、挫折等失敗了的印象，以及社會觀點對於「放棄的人」也多會抱持著無能、意志力薄弱、缺乏毅力、缺乏責任心等負面印象。

另一方面，人們也總是被各種座右銘或名言所綑綁，如：「堅持就是勝利」、「現在放棄的話，比賽就結束了」、「凡事要貫徹始終」、「鐵杵終能磨成繡花針」、「努力就是美德」等，這些話讓人感受無比沉重的社會壓力。

不過，**放棄真的就那麼不好嗎？要是選擇放棄，比賽真的就這麼結束了嗎？**

一直以來，我較少深入思考這件事，現在想藉由這個機會來探討。

「放棄」是人生的一部分

「在大多數人的一生當中，放棄的事比沒放棄的還多！」現在回想起來，其實我似乎也是這種人，自己也曾經在過去的生活中放棄了許多事物，如以下的幾個例子。

- 小學的時候，我很喜歡無線電裝置，曾想要考取一張業餘無線電的證照，卻因為太過困難而放棄了。
- 國中的時候，我擔任學校排球隊的隊長，考高中時曾想過選擇排球名校就讀，但由於實力不足，每次地區預賽總是在第一場比賽就被打敗，這種結果甚至無法成為正式球員。所以我放棄了，選擇一所離自己家裡很近的新學校就讀。
- 我想要就讀東京的大學，不過國立大學難度頗高，像是東京大學、東京工業大學、一橋大學、東京外國語大學等（還有很多其他所學校，但我當時並不知道），所以我放棄了國立大學，轉為考慮就讀私立大學。

- 我放棄了國內會計證照考試，以及包括其他證照的函授課程。教科書都買好了，像是旅遊業務從業人員、社會保險勞務師、證券業務人員、房地產經紀人等，卻幾乎沒有動過就扔掉了。
- 我放棄了英語學習。一直以來，我都存在著一種英語學習障礙，直到四十四歲那年才突然茅塞頓開，打通了英語學習的任督二脈！
- 我放棄各種事業經營的機會，包括汽車客製業務、房地產檢索網站、美容沙龍、保養品的網購市場、房地產仲介業務、語言留遊學代辦機構等。
- 我放棄了成為經營者率領團隊的機會，而創立了「一人公司」。

看起來洋洋灑灑一大串，對吧。不過另一方面，我也有堅持沒放棄的事情，例如：

- 考取美國公認會計師證照，這是我不放棄且努力了一年半的成果。
- 寫作事業。

咦？自己寫完才發現只有兩項！原來我也是放棄比沒放棄的事情多上許多的那種人！但是，現在回頭想想，我真心認為那些放棄掉的事物，都只是最適合當時的選擇或決斷而已。

我察覺到一件事：**所謂的放棄，就是捨棄不適合，讓自己能去探索更適合的道路**。我放棄了當一名「經營者」，但是沒有放棄「寫作事業」，這是因為我選擇了真正喜歡的事情。雖然先前的各種挑戰可能中途就放棄了，但我卻感覺到可以開啟另一個自己有可能獲勝的機會。

我能走到今天如此幸福快樂的狀態，正是因為一而再，再而三地放棄了那些覺得不適合自己的事、沒有充實感的事，以及無法讓我成長的事，才有辦法達到如今的狀態。

當然，**擁有童年夢想並且努力去實現的人們是非常美好的，然而有更多的夢**

想只有放棄之後，才能獲得。

如果你想成為一名頂尖的職業棒球運動員，就必須放棄成為職業足球運動員，或成為花式滑冰選手參加奧林匹克運動會的機會。若是你想要同時兼顧兩種運動，那麼將會分散你的精力而無法成為第一流的選手。

以婚姻來看，你也只能擇一結婚而放棄其他人，重婚是不被法律允許的，想要擁有多夫多妻，勢必也會是件很吃力的事。

假如要你同時追兩隻兔子而且都要能抓到，這當然是最理想的狀況，不過在現實生活中比較常發生的是：「同時追兩隻兔子的人，最終連一隻都得不到」的情形。對我而言，則是會注意在不同的情況下都事先「想好備案」，畢竟魚與熊掌不可兼得。

人生不能重來，但可以修正

人生是經過不斷的選擇，進而有了現在的自己。有時，你是否也會這樣地回想著：

「如果當時選擇另一條路呢？」
「如果當時選擇另一所大學呢？」
「如果當初踏入社會時，選擇另一間公司就職呢？」
「如果那時選擇跳槽到其他公司呢？」
「如果那時選擇另一個結婚對象呢？」

除了這些重大決定之外，相信每個人在許多各種不同的小地方，也曾經有過「如果選了另一個，是不是一切都會不一樣了？」的想法。比如：要選擇哪本書看？要跟誰見面？要學什麼第二專長？要投資什麼？要接受（或拒絕）某人的邀約嗎？……

舉我個人的例子來看，假如當初選擇了不同的高中、考取不同的大學、進入不同的公司，或許就無法像現在這般自由自在過生活了。

雖然無法重新選擇或嘗試重過不同的人生，不過我們擁有修正的力量，可以修正自己選擇的道路使其走向正軌。從現在開始選擇不一樣的人生道路，是可以辦到的。也就是說，假如你對現狀抱持任何不滿的話，只要從現在開始選擇最適合的就好。意思就是，**你必須放棄目前正在做的某些事物**。

所謂的放棄，其實是「選擇幸福的機會」，是「為了選擇更重要的事物，而把沒那麼重要的捨棄」。我指的不是那些令人「挫折」或「失敗」的放棄方法，而是**必須採取「能夠讓未來更加光明，讓自己的資質與才能發光發熱」的積極放棄方式**。

真的有放棄事物的好時機嗎？在什麼樣的情況下選擇放棄會比較好呢？假如真的有完美的放棄，那又該怎麼做呢？

寫這本書的用意就在於提供想法與技術，我將此書定位為一本**「為了能積極向前的『放棄手冊』」**，希望能夠幫助到無法放棄、正苦於不知如何做選擇的你，可以更加堅定地做出選擇與判斷！

目次

第2章 工作沒好評價，不一定是你的錯

寫給職場上總是拿不出好成績的人

第4章 依附別人討喜歡，不如靠自己更自由

寫給不擅長人際關係而煩惱不已的人

第5章 爭一時不如爭一世的自在努力

寫給苦命努力與盲目追求眼前利益的人

第1章

懂得放棄，真正夢想才會實現

寫給達不到夢想而長期痛苦的人

敢於放棄的勇氣，讓煩惱結束

所謂的放棄是「從執著中解放」，是轉換心情捨棄不重要的事物，選擇更重要的事物的一種判斷方式。

最近幾年，因地震、颱風、突然暴雨等自然災害所帶來的威脅與日俱增，不僅住宅遭大水淹沒而損失十分慘重，甚至不知道自身的命運該走向何方，類似這樣的風險逐年增加中。

在可見的未來，包括東京首都圈直下型地震*與南海海溝大地震等，對城市的威脅從來沒間斷過，更有人聲稱富士山將會出現大規模的火山爆發。誠如眾所皆知，由於新型冠狀病毒的疫情仍在全球蔓延，被裁員的人或者受迫歇業的企業亦逐漸增加。

有些人認為AI（人工智慧）將會搶走人類的工作，也有些人認為技術的進步會使商業競爭扁平化，導致小蝦米扳倒大鯨魚的戲碼一再上演，與人類的壽命逐漸增長相比之下，各經濟體與企業本身的壽命反倒是變得更短了。

此外，世界各地陸續出現年輕有為的人才，超越了年紀較長的前輩。還有像是大學畢業學校不再那麼受到重視，無論你是哪一所大學畢業，彼此之間已經沒有太大的差異性。當遠距工作或遠程辦公越發普及之後，不再能清楚看見每個人上班的實際行為，這將使得工作方面越來越傾向於績效主義。

人生煩惱的根源

在如此環境的變化當中，我深刻感覺到比起從前，**有越來越多人追求「放棄的力量」**。這不僅僅是因為人們「遭遇失敗的頻率逐漸攀升」的這個理由而已，也在於我們同時看到了太多硬撐著、努力著、掙扎著，卻依舊陷於痛苦困境的人事物們。

＊譯註：震源位於城市正下方的地震。

社會上只一味強調不放棄便能成功的佳話，卻鮮少聽到放棄後仍成大器的例子，尤其是國內的多數人對於「絕不放棄」和「努力必有回報」的偏執意念，變成了是一種美德，給人們內心施加了不少無形的壓力。

於是人們就像這樣被無形壓力給束縛住、被逼得走投無路、看不見未來，並且是獨自痛苦的情況，我想應該有不少人正在經歷這一段過程。相反地，若能夠從這種壓力中解脫出來，很多煩惱都會消失無蹤。

事實上，**人們對「必須這麼做」與「應該這麼做」的執著，又何嘗不是絕大多數煩惱的根源呢**。不瘦下來不行、頭髮禿了不行、不擅長交際應酬不行、無法能言善道不行、被別人看輕不行、工作能力不足不行、女性不結婚生子不行、做家事與育兒是女性責任……正因為人們被這麼多的觀念所綑綁，才會苦於並非如此的現實中而難以自拔。

然而，只要你學會放棄它們，那麼煩惱將不再是煩惱。例如：當你感覺失眠時，對「再不睡覺真的不行了」的執念就變成一種強迫式的觀念，反而更讓你難以入睡。反之，若是能放棄逼自己入睡的念頭，想著：「也罷，睡不著就算了，明天工作時找機會摸個魚，那時就可以休息了」的話，說不定會出乎意料地發生讓你一夜好眠的狀況。

在這裡我想說的是：**改變「放棄」的定義**。我曾聽過一種說法，「放棄」原本是一個佛教用語，而其語源則是出自「變得光明」一詞，從這點來看，原本的「放棄」似乎並不帶有挫折、失敗或輕蔑等意思。

我稍微再做一些延伸解釋。**所謂的放棄，是「從執著中解放」，是轉換心情捨棄不重要的事物，選擇更重要的事物的一種判斷方式**。若用這樣的角度來思考的話，你覺得如何呢？

千萬別錯失良機

當你已經在山林間迷路時，若還是堅持「這裡一定是通往大馬路方向」的念頭，那麼只會越來越迷失方向，最後甚至連自己身處於何方都不知道了。

我曾在書籍上讀到，除了雪山的環境需要另當別論之外，萬一在山裡面迷路的話，可以往山頂處移動，到一個能夠清楚看見周圍環境的地方，這是山林間的不變鐵則。

工作與人生也是同樣的道理，如果你太過度堅持或執著於某事的話，有很大的可能會失去自己的職位與立場。所以，首先你必須靜下心來，冷靜沉穩地確認自己身在何處，應該要往哪個方向去。換句話說，你要客觀地掌握和認清自己所處的環境，並且意識到自己正在做的事與前進的方向或許並不合適，然後就要迅速做出改變。

當然，你也有可能會被迫做出「放棄」的決定，但無論如何，**所謂的放棄是「意識到自我的低落效率，而做出結束所有無謂努力」的一種決定**。

為了要做到自我覺察，你是否能捨去自己的虛榮心、自尊心與刻板印象，並採取機動且柔軟的思考方式呢？你是否意識到盡力而為、持續去做是一種手段而不是目的呢？那個目的有無與你未來的真正目的相符合，而你能否針對這點一一去檢查呢？

舉例來說，假設你有個「成為一名律師」的短期目標，達成後就會來到「自己想做只有律師才能做的工作」的中期目標，再一次達成後就會是「我的律師人生的理想生活方式」的遠期目標，接著是「透過自己的人生前景與發展，進而獲得幸福」的終極目標，就像這樣循序漸進，我相信未來還會陸續出現其他更遙遠的目標。

然而，對於不懂得放棄的人（執著的人），他們即使注意到環境的變化卻也沒有改變的勇氣，致使他們錯失下決斷的良機，一步一步地陷入貧窮的困境。就像前面提及，在學習成為律師的過程中那樣，如果陷入了「好不容易才努力走到這裡」的思維中，你將很難再回頭。

這就好像小孩子捨不得放棄自己想要的玩具，經常會做出「撒嬌賴皮」、「原地不動」、「最後趴在地上嚎啕大哭」的行為一樣，這種死命掙扎的執著，不願意（不能夠）退讓半步的狀況，就是這個道理。

要是一個成年人這麼做，通常一般人只會注意到場面顯得難看、不成體統，卻不會發現到當事人一意孤行的那一面。

離開舒適圈的智慧

為了不要迷失對自己來說最為重要的本質和目的，**你需要稍微停下腳步思考，並且接受現實面**，此時，你就可能會否定自己一直以來所堅持的道路與思維。**所謂的放棄，就是與自己過往的做法說再見，然後接受其他不同的做法，換句話說，就是要「有所改變」**。

這樣的變化，有時候會令人感覺痛苦和麻煩。有些人可能會發現，突然要改變自己長久以來所相信的事物，這件事讓人很難以接受；也有些人會覺得，突然要否定自己原本的思維，根本是一種恥辱。然而，**如果不尋求改變而只停留在自己感到舒服輕鬆的舒適圈，這就等同於逃避現實與停止思考了**。

拒絕改變並且最後獲得幸福的人，實在少之又少。你需要擁有動力，捨棄傲慢心，讓自己適應你所面臨的現實環境。你必須做到不違背、不抗拒整體趨勢走向，順勢而為與靜靜等候另一波浪潮來臨之時。

能夠意識到必須改變自己做法的這一點，也就顯示出對自己的過失有所覺

醒，而這正是「智慧」的所在。

必須靈活變通的時代

雖然「不偏頗」、「具一貫性」乃有可取之處，一般人都會希望擁有這些特點，不過我認為，在現今環境急劇變化的時代中，這些特點很有可能帶來風險，請你務必要保持敏銳度會比較好。

當你累積了各種不同經驗，足以改變你能做的事情時，你看待事物的觀點、思維方式以及價值觀都會跟著改變。

由於技術的進步與各式嶄新服務的普及，許多事情能夠立即以低成本且比以前更容易的方式來完成，而自己可以決定把焦點放在除此之外的附加價值上。

因此，**那些與我過去的原則主張互相矛盾的點將不再是問題，反而是一種成長的證明。**

以我本身來說，相較於過去，現今我的個人價值觀已有所不同，也正因如此，使得我的原則主張亦跟著改變。人們的生活方式與成功法則本來就會隨著時代與環境變化而有所不同，這是因為人們在工作和生活中想要的事物也發生了變化。

這麼一想的話，保持原狀似乎比較危險。就像我們可以看到有為數不少的中老年人會排斥使用數位設備，很容易就變成了人們口中的「老頑固」、「固執己見」或「不知變通」的人了。

該放棄還是堅持，怎麼判斷？

要先確認，繼續努力往前方邁進的話，是否會有光明的未來？如果不是，這樣你的努力一點都不有趣，反而是痛苦。

「努力就會有回報」、「即使再怎麼努力也不會有回報」社會上有這兩種完全相反的思考方式，我認為它們都是正確的。

換句話說，**努力不一定都會得到回報**，當然這並非說那就不需要努力，而只是表示若沒有先付出努力，那麼是一定不會有所回報的。舉個簡單例子，即便高中棒球隊的球員都付出了努力（練習），也不一定能讓全隊出賽甲子園，但若要能進軍甲子園，那麼就沒有不付出努力的。

同樣的道理，即使你沒有放棄自己的夢想與目標，最後也有可能無法實現；若是在還沒有付出努力前就放棄，這意味著在比賽開始之前你已經輸了，如此一來想要實現夢想與目標的機率將會是零。

逃避現實的慣性思考

姑且無論努力是否會得到回報，或著夢想能否實現，首先最重要的是：要朝向自己的夢想和目標持續努力前進。

在這個時候，我認為**「不固執己見」就會是一件相當重要的事**。這是因為，如果你過度執著於自己的夢想和目標，視野很有可能會變得狹隘，導致誤判情勢的危險性也隨之提升。假若連「自己沒有這方面天賦」或「看不出前方已經沒有光明的未來，已經沒有希望了」的這一點你都無法看清楚的話，那麼也將無法掌握「放棄的時機」。

像這樣的執著，僅僅是一種固執或慣性，正如前述，它不過是一種逃避現實與停止思考的行為而已，然而這樣的結果卻會為你帶來迷失自我，甚至迷失自己人生的風險。換句話說，執著有分好壞，一種是「好執著」，另一種是「壞執著」。

若是用戀愛關係來說明，可能會比較容易理解。譬如某人被甩了卻仍持續追求對方，做出近乎跟蹤狂的行為，這就是一種壞執著。

讓我再舉個運動的例子來看。當你開始慢跑時，起初可能會覺得很辛苦，但堅持下去之後，身體逐漸適應了這樣的運動方式與運動量，變得能夠越跑越快，跑步時間也日漸進步，跑步慢慢成了一種樂趣，最後說不定還可以參加全程馬拉松比賽呢。

「好執著是『習慣』，而壞執著則是『固執』。」從上面的說明與舉例，我們可以看出這句話不無道理。無論是課業或者工作，甚至是其他任何事情，過度執著的態度只會給自己帶來痛苦。反之，若是**你可以保持「因為需要才去做」的冷靜態度，便有助於每天持續地努力，**因為這已成為你的一種日常習慣。

是夢想，還是消耗戰

清楚區分應該放棄與不該放棄的事，究竟是什麼樣的「智慧」，使人能夠做到這一點呢？我在這裡提供一個思考模式，那就是你可以**透過「這能否讓未來變得更光明」的可能性來判斷。**

你應該要先確認，繼續努力往前方邁進的話，是否將會有光明的未來張開雙手歡迎你？要是難以確定這一點，你至少要能相信它很有可能發生。

假如你只能預想到類似「無論如何這會是一場消耗戰」，或者「只會越來越貧窮」的這種場景，你的努力不但一點都不有趣，反而更是一種痛苦。果真如此的話，毫無疑問地，可以將它視為一種「放棄比較好」的訊號。

我想你應該可以理解「放棄」與「丟下」這兩件事情是不同的。所謂的「丟下」僅是單純地自暴自棄，是因為停止思考所衍生的不顧全應負的責任；然而**「放棄」則是基於事物的優先順序而做出打消念頭的判斷**。

在企業經營上，與其一味地堅持不放棄是合理行為，倒不如簡單地說，這其實與當事人的意志問題有關，以至於在有些時候他停止了思考而已。

如果你明明知道，將來無論再怎麼努力也無法改善公司績效，卻仍然執意地繼續拚下去，那麼你將看不見其他的選擇。反過來說，要是你能夠做出「或許此時放棄比較好」的判斷，也就能夠冷靜思考，有機會想到以下的方法，比如：在公司尚有資金時，支付員工額外的退休津貼，讓所有員工皆能圓滿地辦理優惠退休，或是把公司搬到租金更便宜的辦公室以節省支出等其他更多的方法。

然而，因為固執地堅持繼續做下去，你將會因為缺錢的焦慮而失去冷靜，眼看著手頭上的資金一點一點地減少，讓你付不出員工額外的退休金，甚至連搬遷費用也難以支應，使你陷入一個動彈不得的困境。隨著情況日漸惡化，你已經沒有辦法做出選擇，你再也無能為力了，最終的結果你只能選擇「丟下」，亦即破產或連夜潛逃。社會上這種帶給別人困擾並讓自己陷入人生谷底的例子，實在是多到不足為奇了。

選擇放棄，你將能夠從客觀的角度去思考解決辦法，要是你執意不放棄，則很容易失去那顆冷靜的心。

男女感情關係也是。對於已和你分手的人，你還是一直思念放不下，那麼即使現在有一位完美的異性出現在面前，你也不會發現。這是因為你仍然被過去的回憶綑綁著，渾然看不見周圍的一切。愛上已婚者的人也是如此，因為迷戀眼前的戀人（外遇對象），再也聽不見別人的勸戒或者注意到身旁其他優秀的人。

若能選擇放棄的話，將可以拓展出新的視野，更為客觀地掌握過往所沒有注意到的情況與變化，容易有機會遇到另一段新的邂逅。

「不放棄」就如同一把束縛你的枷鎖，選擇「放棄」是一把能還你自由的鑰匙。這麼做也許會留下一些遺憾，為了要斷絕這樣的不捨，你必須抱持「這次的機會讓我學習到很多經驗，下次一定要多加活用」，這種全然理解的心態。從這一點來看，我們可以說：**「放棄也是一種『學習』。」**

清理過去的重新出發

在策劃或者談判的過程中，當事態變得糟糕或陷入困境時，經常的做法是選擇「回歸原點」。將那些導致事態陷入膠著的原因，包括到目前為止的工作進度與互相討論的結果等都暫時放棄（砍掉重來），回到原點重新開始。

「過去的事就讓它過去，一筆勾銷」的方式也與「回歸原點」相當類似。這是把雙方因為糾紛或過失等問題所導致的嫌隙及疙瘩，全部都清除掉，歸零之後再重新建立新的關係，解決了彼此皆動彈不得的情況，所以我們可以說「回歸原點」是具有未來前瞻性的做法。

當面臨這種狀況，而你無法放棄並試圖強行堅持自己最初計畫和意見時，則雙方可能會產生衝突對立與破壞彼此關係的情況，歸咎其原因就在於你無法斷然放棄，情緒很容易動怒也容易變得頑固，也就是會過於執著自己的想法，最後很可能會變成那些嘴裡說著：「不，事實並非如此」或「我不能接受這一點」的頭痛人物。

反過來說，若是選擇了放棄，事情的走向就會變成是「互相讓步」，如此一來，將使你的人際關係變得圓滑，即便最終互道別離也不會留下遺憾。

在這一小節中，我們能清楚地看到，**不願放棄代表的是對自己與現狀的癡迷執著，而選擇放棄則是為了改變那樣的狀況，並且改變目的地朝向新未來重新再出發。**

不過，不願放棄是「維持現狀」，而選擇放棄則是「接受新挑戰」，從這兩種決定來看，我們可以理解後者**其實困難了許多，畢竟維持現狀相對來說總是比較輕鬆容易的**。

為了不被這樣的輕鬆容易沖昏了頭，**我們就得趁著內心穩定的情況下做出放**

棄的判斷。如前面提到的「是否繼續經營事業」的狀況也是，當內心正處於脆弱的狀態時，你將無法做出重大決定或者做出適當的判斷。

當你生病、身體虛弱之時也是相同的道理，因為你會處於「思考起來很疲累」的精神狀態，很可能會選擇逃避，或是做出錯誤的判斷。

從這些要點來看，當你遇到焦慮或不耐煩的狀況時，要擁有能靜下心來回顧自身情況的態度，問問自己「是否對現在的狀況太過固執了」。

有「捨」才能得，強迫沒好結果

人們在許多事情上都應該放棄追求完美，因為完美主義很容易造成停滯不前。

有些完美主義者認為：「事情沒有做到百分之百完美之前，絕不就此罷手。」理所當然地，要達成這個目標是需要時間的。

然而在現實生活中，要做到「百分百完美」是不可能的事，也因此無論經過多久時間也難有結束的一天，反而會變成了一種痛苦，我想應該有很多人都經歷過「想把工作資料準備得盡善盡美，最終都難以達成」的情況，換言之，**完美主義很容易造成停滯不前**的情形。

用三階段取代完美

所以在這個時候應該放棄完美主義，換上另一種「三階段性的工作目標」來循序漸進完成，將會大幅提升工作效率。比如：首先，在不惹怒主管的範圍內，大略完成整體工作藍圖來向主管報告，獲得主管回饋後再融會貫通改良現有藍圖，最後提出自己也滿意的完成版。

當你在創立事業或展開新業務時也應該如此，如果一味地認定「要先制定完美的事業經營計畫書後再開始著手進行」的話，將很難有付諸行動的一天。

與其如此，倒是可以試著在計畫書完成六成左右時，就先推出新產品與服務來試試市場水溫，然後觀察市場的銷售反應，再從中思考與發現問題點進而改善問題所在，接著再推出改良後的商品。這麼做將能讓你更快找到問題點，即使出現了意外狀況，你也能夠靈活地修正，不會受到原始計畫的束縛。

如果完全受限於計畫的標準作業流程的話，當整體情勢不如計畫所預期時，整個工作團隊很有可能會衍生出各種麻煩問題，譬如出現論調不同的聲音：「喂~你到底想怎麼做！」「我可沒有聽說過要這樣做！」「時間跟預算都快要用完了！」等。

就拿我自己來說，當要展開一項新事業時，並不會制定任何事業經營計畫書。我會先建置一個官網，然後運用社群媒體及電子報方式向消費者宣傳，再看看市場大眾的反應如何。

即便「市場沒有太多反應」也是成果的一種，因此可以邊研究「該如何投入技術」邊進行修正，讓新產品與服務得以越來越好。而且因為剛開始的階段並沒有花費太多金錢，此時也就有足夠的預算來進行修正。

不完美的過程能加速團隊運作，也能提早看到初步結果，還可以讓團隊更容易發現問題所在，快速做出更靈活的對應處理。

放手是為了得到

我認為，人們在許多事情上都應該放棄追求完美，如：家事與育兒。

如果你想要成為一個完美的妻子、家庭主婦、母親、上班族，實際上會變成什麼樣子呢？一大早起床準備早餐、送孩子上學，接著自己去上班；在下班回家途中，順路經過超市購買食材、準備晚餐、收拾整理，還有打掃環境跟洗衣服……這麼多事情是不是令人相當精疲力盡呢？

何不嘗試看看放棄追求完美的家事與育兒，像是每週一次請清潔公司打理各項雜務，舉凡打掃房間、洗衣服、洗棉被，甚至提供煮好飯菜的服務，你覺得這個做法如何呢？要是你有一個學齡前的小朋友，時時刻刻都必須有人照顧的話，那麼可以請一位保母來帶，即使只是很短的時間也無所謂。

如此一來，你就能夠省去清潔打掃的麻煩事，並且最大限度地縮減了購物和烹飪時間，得到更多屬於自己的時間和空間，精神方面也會較為舒緩不緊繃。

這麼做固然需要一筆費用，卻**能夠讓你騰出更多時間陪伴家人，與家人共享悠閒時光，同時身體能夠獲得充分休息，心情也更放鬆，更能給予孩子足夠的愛。**

夫妻關係不也是一樣的道理嗎？正如「婚前睜大雙眼看，婚後睜一隻眼閉一隻眼」這句話，即具備放棄的意涵了。

結婚之前，要仔細地觀察對方的性格和人品，必須好好看清楚此人是否適合成為自己的終身伴侶，也就是說在決定邁入婚姻之前，要「仔細看人」。但即使如此，由於結婚之後畢竟是與價值觀和生活背景不一樣的人住在一起，難免會抱怨對方缺點或不足之處，你可能會想：「婚姻不該是這樣的啊！」遇到這種情況時，要睜一隻眼閉一隻眼、給予包容，不要對對方要求太高。

既然兩人決定要結婚了，放棄一些瑣碎的小事，對於夫妻的和睦會比較有幫助。這樣的放棄，能為生活減少摩擦、帶來平靜，可說是一種具有未來前瞻性的做法，你覺得呢？

過度勉強的三重打擊

讓我們來看看，當「不放棄」成為一種美德時，會變成什麼樣子？

如果堅守「一旦開始就不應該放棄」的信念，那麼當你認為這件事不適合自己時，也就絕對不可以停下來；當你發現效果不如預期時，仍得硬著頭皮繼續做下去；當你察覺這條路是錯誤的，還是必須繼續往前走，自己不堅持下去是不行的……這樣的想法，難道不會離幸福越來越遠嗎？

舉例來說，在孩子做體能訓練時，他明明已經覺得「這個不好玩，我不想做了」，但父母親卻會告誡孩子說：「好不容易才開始，你得堅持下去呀。」這種情況並不少見。

的確，無論任何運動或事物，若沒能學習到某一程度的話，其實是很難去了解那件事情真正的樂趣和深度。因此，首先必須要找出為什麼孩子無法熱衷、無法開心的原因。

話雖如此，但是**當人們從事不想做的事情時，將很難集中注意力，導致大腦功能性降低，所以會想要趕快結束手邊的這項工作，覺得嘗試下一件事情比較有效率。**

我們都知道，人類大腦的功能之一，便是當人們沉浸於某事物時，能夠活化大腦。

人類大腦具有「泛化」（一般化）的特性，其特徵是「當某一種能力增長時，與此能力沒有直接關係的其他能力也會隨之增長」。當你專注地從事某一件事情時，會增強大腦中與之相關的神經細胞，以及帶動周邊各式各樣其他部分的網路發展，這是我們的大腦內會產生的現象。換句話說，**如果有某件事讓你熱衷專注，那麼將很有可能提升你大腦的整體功能運作。**

由於勉強從事不想做的事，將導致大腦功能性降低，也就無法獲得進步的喜悅，要是繼續勉強這樣做的話，將會造成三重打擊，失去了時間、金錢以及動力。

因此，當你發現到這件事情並不適合自己的時候，要盡快放棄然後尋找別的方式會比較好，這不單單只限於體能訓練，是可以套用到人生中所有事情的一項原則。

忍耐只會是壓力，不一定有道理

當目標並非是明確的對象或場景時，一味地堅持忍耐只會形成壓力，而且也無法保證就能夠得到光明的未來。

若是基於社會壓力的角度來看，我認為，應該要用合理的眼光去看待「忍耐」與「忍受」這兩件事，並且抱持著懷疑的態度會比較好。

有些時候，透過忍耐的確可以帶來成果，這是不爭的事實。例如：在運動比賽或是課業學習上，若能堅持忍耐下去，就會離達到目標的那一天越來越近。

因為以參加各種比賽或全國大賽為目標而拚命練習，是相當辛苦的事，考試測驗也是如此。有人說這就像是一場「泡熱水澡的忍耐大賽」，尤其在越接近大考的日子，身心將會越發煎熬。雖然繼續忍耐堅持下去，並無法保證一定能夠達到目標，但可以更接近自己所設定的目標，是毫無疑問的。

長久忍耐的代價

我們可以這麼說，**當短期目標是個明確的對象或場景的話，堅持忍耐而獲得好成果的可能性是比較高的。**即使到了最後沒能得到自己想要的結果，你也應該會擁有「我盡全力了」、「我沒有後悔」的成就感。

然而，**當目標並非是明確的對象或場景時，一味地堅持忍耐只會形成壓力，而且也無法保證就能夠得到光明的未來。**譬如當遇上一個你很討厭而想要反駁的人，如果自己忍下來不做回應的話，是否反而可能更增長對方囂張的氣焰呢？這麼一來，不但你自身的壓力只會越來越大，而且也完全無法指望未來情勢會有所改善。

此外，忍耐也可能會成為事情持續下去的阻礙。**如果某件事有長期持續做下去的必要性，請務必盡可能打造一個減少忍耐、避開忍耐的環境，這是不可或缺的一環。**

讓我舉一個自己的小例子。自從半年前醫生告訴我：「要少喝點酒喔！」我就一直持續不間斷地進行肌力訓練、有氧運動（跑步）與伸展運動。之所以這麼做是因為對我來說，晚上喝酒是每天的樂趣之一，要我少喝一點是不太可能的，因此我決定開始用運動來代替這個戒不掉的樂趣。

從一開始，我便時時刻刻將「不需要特別努力的訓練」牢記於心。首先，我決定好去健身房的時間，然後把它納入每天的行程中，接著再安排其他事項。換句話說，就是沒有將去健身房這件事視為「工作的一環」。

我的訓練方式是從前面的第一組使盡全力去做，第二組以後則逐次調整，以不造成痛苦的負重方式進行。跑步也是，我用每公里跑六至七分鐘的配速，大約跑個三十分鐘左右，最後的伸展運動是採取輕鬆舒適的方式進行，避免對身體造成負擔。

我這個例子在於，運動只是為了維持身體健康，而不是參加健美比賽或馬拉松比賽，因此**「長久持續」比起「盡力而為」要來得更有價值。**

職場的慣性容忍

上班工作也是一樣的道理，如果是一個被長期要求自我克制與忍耐的職場，將會產生員工無法久待的風險。

事實上，在我讀過的許多書籍資料中，都有提到如下的調查結果，那就是在職場中不太出風頭、靜靜地做著自己分內工作的人，他們在同一個工作待的時間會比較長，大概也就是這個道理吧。

我在第二章之後會再詳細說明，不過這裡先稍微簡單地提及。我曾經在某家從事營運策略顧問的外商企業服務，它的工作性質就好比是一種「追求短期自我成長的高強度肌力訓練」，經過了四年的操勞及忍耐，我認為自己不適合長期待在這家公司。

之所以能夠長久待在同一個職場工作的人們，似乎較可以順利區分事情的輕重緩急，比如他們能夠分出哪些是需要專注力的工作，又有哪些可以暫且略過。

因此，**當你處於一個令人感到「不得不忍耐」的環境時，首先你必須冷靜下**

來看清楚，這樣的忍耐是為了努力實現自己的目標，又或者只會是阻礙持續性的壓力。接著，如果你是忍耐著做這份工作，就要**檢討是否一直在勉強自己，並且要思考盡可能簡化工作，或是能停手不做的方法**。

當你這麼做時，很可能出乎意料地發現，有許多事即使不做也不會造成任何人的困擾，只是因為人們的慣性而以「每年都在做」或「因為公司慣例」等理由繼續下去。

你應該試著重新思考與問問自己：「這份資料真的需要嗎？」「假如就此停手，有誰會遭受多大損失呢？」相信你將會出現不一樣的想法。倘若仍然被強迫要忍耐的話，那麼**請毫無留戀地辭去這份工作吧**。

在全國各地，員工人數超過十人的公司行號大約有四十萬家，即使每個月換工作，也得花上三萬三千年，企業的數量實在相當多。不可諱言地，現實環境中尚存在著能否通過企業招募考試的問題，但你一定可以找到適合自己的公司，也就是說，**即使放棄現在所處的工作環境，你仍可以選擇不同的方式過生活**。

解放內心的未來

仔細想想，我們所處的社會環境正轉變為一個日漸減少忍耐的方便世界。人們透過使用網際網路，即使足不出戶也能夠得知天下事，反過來也可以用同樣的方法將各種資訊藉由網路傳播出去；另外還可以在網路上購物、匯款轉帳，甚至能夠一鍵進行股票交易等。

同時也拜科技進步之賜，有很方便的機器為人們分擔家務事，像是掃地機器人幫忙打掃、各式料理烹飪家電能幫忙節省下廚時間，如果嫌煮飯太麻煩，還可以透過網路訂購喜歡的餐點，並請店家直接外送到家裡。

電車及火車按時刻表準時發車、透過手機APP可以呼叫離你最近的計程車、即使不需要現金也可以購物，所以不用再為了領錢而到提款機前大排長龍，人們的生活變得相當便利。

在開車時，有內建導航系統指示出目的地的正確方向；當快要撞到往來行人時，車子也會啟動自動煞車系統停住，甚至在高速公路上也幾乎能使用自動駕駛來運行了。

這是一個多麼方便的時代啊，你不覺得嗎？我們人類再來要做的，只是讓內心獲得解脫就可以了，不是嗎？

「替換」而非丟棄，夢想的危機管理

選擇放棄是為了讓失去的時間、金錢和人生所受到的傷害，都能降低到最小程度，是人們萬不可缺的危機管理方式。

其實我們的人生都充滿著許多放棄，這也意味有時放棄夢想會是比較好的選擇，因為若**太過於執著夢想的同時，你將看不見其他的選項，很容易迷失掉自己的人生。**

一般人會覺得，為了選擇特定職涯或進入理想的職業，以此為目標努力奮鬥的這件事情似乎是理所當然的。例如：

- 夢想能夠參與甲子園比賽，而努力練習棒球。
- 目標是考上醫學院成為醫師，所以努力學習並認真備考。
- 想進入媒體產業就職，因此積極參與相關企業的實習工作。

懷抱這些夢想是很自然的事，為了夢想日積月累的努力也是很棒的事情。不過萬一發生不如預期的狀況，又該如何是好呢？比方說，無論再怎麼拚命也無法獲勝；無論再怎麼練習都無法成為正式球員；無論苦讀多少年始終考不上理想的學校；無論參加多少次面試也沒收到任何一家公司的錄取通知等。

假如你是年輕學子的話，由於尚且不用考慮人生規劃或成家立業的事，因此你應該會希望擁有「雖然去不了甲子園，但能夠和好夥伴們互相切磋成長，過得很充實」這樣的回憶。

執著夢想的迷失

不過，當你長大成人之後，狀況就沒有這麼單純了。比如，某個人為了要當上律師，花了很多年的時間準備考試，當他意識到這一點時已過了四十歲，而且因為從來沒有踏入職場，不具備任何專業技能與實戰經驗，這對任何公司來說，這個人的市場價值幾乎為零。就算從現在開始投履歷找工作，對於一個缺少社會經驗的人來說，在這樣的年齡能找到一份好的工作嗎？他又該如何往上爬呢？

過度執著將使視野變得狹隘，正是這個道理。即使所有人都知道世界上的職業有多達三萬種以上，但是當你太過度堅持那唯一夢想時，將會看不見其他的選擇了。

我也曾聽過，某些學生因為大學沒有考上第一志願而感到自卑，也因為這份自卑抬不起頭，生活變得萎靡不振，甚至有些學生重考好幾年都名落孫山，因而絕望導致自暴自棄的故事。像這樣僅僅抱持著一個觀點，認定「考上○○大學就是一切」，那麼所看到的世界將會非常狹隘，就會一直無限循環產生自卑感。

假如你的夢想無法讓你描繪出未來人生的光明樣貌，那麼這個夢想就只是個邪惡的災害。

擁有夢想與追求夢想並沒有不好，但若被夢想綁手綁腳，導致失去了寶貴的時光與機會，那將是一件很危險的事。因此，當情況不如預期時，你必須要在某個時間點接受「自己並不適合」的這件事，然後去尋找另外的道路往前行，這麼做將增加找到更適合自己且更令人滿意的機會。那些因為執著而茫然的道路，會因為你的放棄而重見光明，你就會知道「原來它們一直都在那裡」。

換句話說，**選擇放棄是為了讓失去的時間、金錢和人生所受到的傷害，都能降低到最小程度，可以說是人們萬不可缺的危機管理方式**。

設定期限的時機點

那麼，到底該怎麼做才比較好呢？其中一個方法是「**為夢想設定期限**」。

所謂的夢想期限，是指「**到了看似沒有轉圜的餘地時，還有機會選擇另一條道路重新開始**」，**又或者「即使犧牲掉其他所有事物，似乎也無法阻止一團糟的時候」，也是一個時機點**。我認為，夢想的設定期限因人而異，也因對象而異，或許也可能需要同時考量經濟與年齡等問題。

當那個期限來臨時，你要**做的是「替換夢想」而非丟掉夢想，也就是預先設想好，將原本的夢想捨棄後，轉換成其他的夢想**。

或許有人會說，某些演藝人員或音樂家直到晚年才功成名就，但這僅不過是冰山一角，請發揮一下你的想像力，在那座冰山的水面之下，有多少數以萬計的屍體正沉睡著。如果你真的無法放棄，那麼就將它視為副業或興趣來做吧。

舉我自己的經驗來看吧。在大學三年級的時候，我開始準備會計師證照的國家考試，通常首次參加考試就一舉成功的人並不多，不過話雖如此，由於我必須靠工作來養活自己，對我來說並沒有「全職考生」的選項。

結果，在我大學四年級時參加考試，最後落榜了，在出了社會之後，能不能邊工作邊努力準備七個科目的考試與順利錄取，是一件令人懷疑的事，而我也非常明白，自己的學習動力正在逐漸下降中。

於是，我立刻把目標轉移到美國公認的會計師證照考試，它的合格標準並非一次考試就要全部合格，而是在期限內取得各項考科及格的成績即可。也因此，我花了不到兩年時間，便順利通過考試取得證照。

卸下包袱的「初衷」

此外，到了最後當我嘗試回到自己的「初衷」，也就是「最初的目的」時，會產生這樣的念頭：「什麼嘛，這根本不是我應該堅持的事啊。」人們陷入煩惱與困惑而被逼至絕境時，並非找不到答案，而是無法搞清楚哪些是問題，哪些又該優先處理，以至於腦海裡一片混亂，這是大多數人的通病。

換句話說，真正的**原因在於，沒有確實理解問題的宗旨，若要解決就得試著改變提問的方式：「我到底想要的是什麼？」**像這樣子**回歸到「初衷論」，試著問問自己一開始想要做的是什麼**。

拿我自己來說，考大學的時候與剛才提到的會計師國家考試，從一開始我就沒有「全職考生」的選擇。沒錢當然是其中一個原因，但是我考大學的最初目的，其實是想「離開家到東京去」。

總之，我只想離開家裡，所以老實說，只要是東京的任何一所學費低廉的大學都可以接受，有考上學校就會去讀，我已經做了這樣的打算。要是萬一全部的學校都落榜了怎麼辦？若真如此，我當時也做好了，即使是專科學校也可以接受的心理準備。

成績放榜之後，我想要去的第一、第二、第三志願的學校都落榜了，最後決定去第四志願的大學報到，但我絲毫沒有不滿的感覺，相反地，我記得自己內心很高興地想著：「終於可以離開家去東京了。」

你要不要也試著回顧一下自己的工作呢？

「最初選擇目前工作（公司）的原因是什麼？」

「最初期望做到哪些事，或者希望實現哪些目標才選擇這個工作？」

「它符合原本的期望嗎？是否真的實現了目標？」

「如果沒有，那是什麼原因造成的？」

「如果原因出在自己身上，那麼是做了哪些不適合的判斷或行動？」

「自己現在的工作，真的是想要的職涯與人生嗎？」

也或者你可以問自己類似這樣的假設性問題：「假如我有十億日圓存款，仍然會選擇現在的工作嗎？」藉此試著探索另一種視角和可能性。

我是透過像這樣的自問自答來發現，自己正背負著一個看不見的沉重行李，最後我也學會了該如何將它卸下。

誠實問自己，迷途知返

在剛創業的初期，我深信「公司必須要銷售很多產品，僱用大量員工，還得不斷地發展壯大下去」的這個原則，也因公司內部會有類似「準備上市上櫃啦！」等振奮人心的聲量出現。

然而，當我逐漸對企業管理與經營面感到疲憊時，意識到自己對工作產生了空虛感，於是有好一陣子我持續過著每天自問自答的日子，就像是：

「我一直認定公司業績必須持續成長，但這真的是正確的觀念嗎？」

「做這麼多，到底是為了誰？又是為了什麼樣的目的？」

「是為了支付員工薪資以維持勞雇關係，還是為了守護員工的生活嗎？那些都不是為了我自己呀？」

「不對，說起來工作本來就是為了別人而做的，因為自己能夠幫上忙，所以獲得了一些金錢報酬。」

「不過，用這種不開心的心情面對工作，不就是一種自我犧牲嗎？」

「如果無法樂在自己的工作，就表示工作期間是一段充滿痛苦的時光，那不是很浪費人生嗎？」

「我的人生，仍有光明的未來在等著我嗎？」

「不對，如果這種生活再繼續下去，我根本開心不起來。」

「話說回來，我自己一開始的目標到底是什麼？」

「應該是要追求自由。」

「如果真是這樣，那我僱用員工、建立辦公室，甚至自己也到公司上班，這種工作方式不就完全背離了自由的意義嗎？」

在經過一番自問自答以後，我最後決定開始縮小公司的規模。剛好當時公司正處於受到雷曼衝擊*的影響導致業績下滑，員工們也一個接一個地離職。緊接

＊編註：意指二〇〇八年美國雷曼兄弟銀行倒閉，連鎖引發的全球性金融危機。

著，東日本大地震引發了核能發電廠事故*，我內心不禁浮現出「為了做好避險，還是自己一個人行動比較方便」的想法。於是我支付額外的退休津貼給尚未辭職的員工，讓他們都能圓滿地辦理優退，而辦公室等所有硬體設備也皆與廠商解約，最後變成了一人公司，直至今日。

目前，我的主要工作有投資事業、創業者培育事業以及寫作事業，若現在要我回答前面提及的那個假設性問題：「假如我有十億日圓存款，仍然會選擇現在的工作嗎？」我的回答是：「會的。」

什麼都不做的生活不僅太過悠閒而且無聊，所以我還是會依循本能做自己要做的工作吧，而其中的一件正是「寫作」。無論能否賺錢，這都是我想永久做下去的事業，若是能夠收到出版社寫書的邀請，當然是再好不過的了（苦笑）。

*編註：意指二〇一一年三月日本東北太平洋近海發生地震，伴隨引發巨大海嘯，並造成福島核電廠發生核事故。

第2章

工作沒好評價，不一定是你的錯

寫給職場上總是拿不出好成績的人

放棄「苦守現狀」，聰明轉職未來會更好

POINT

□ 如何發展自己的職涯規劃，想要達成什麼樣的目標？
□ 應該選擇什麼樣的工作，來實現這個目標？
□ 工作只是一種達成目標的手段

讓我們來看看以下的內心世界，是你目前遇到的狀況嗎？

到目前為止，你已經做了許多努力，而且對於自己取得不錯的工作成績感到自豪。你不僅熟悉經手的業務，也熟悉公司內部的狀況，身為一名中堅員工，主管們都對你相當信賴。

天花板障礙的訊號

然而，不知為何你似乎無法再繼續往上更進一步，覺得好像沒有跟上公司的整體趨勢，感受不到實質成長，完全看不到更長遠的未來。你覺得現在的公司好狹隘，沒有更多發揮的空間，跟同事之間也越來越沒有話題好聊，而且最近益發覺得工作有越來越難做，覺得自己的立足之地似乎快要消失了……。

像這種時候，你必須改變思維方式，**認知到這是「移動到真正需要我的舞台」的一種暗示，而且必須要用「問題並不是自己缺乏努力或能力」的角度來看待。**或許這像是一種自欺欺人的思考模式，不過確實**可以理解成「已經盡力而為、全力以赴」的那種被完全燃燒的感覺。**

如此情況下，我建議你可以申請轉調到另一個部門，或提出一個新的企劃案，萬一都行不通的話，辭職另覓出路也是不錯的選擇。只不過，這必須是「自己主動追求工作」才能達到的狀態，反之若是受迫於主管或外界的壓力而導致「被工作追著跑」，是沒辦法達成的，那麼就有以下兩個可能的原因。

一個是因為自己是「廢柴」。在這種情況之下，無論你做什麼工作都會重複相同的結果，因此最好是專注於現在的工作，直至完全燃燒為止，這會是比較好的方式。

另一個則是因為「自己的專長技能與目前工作完全不相符」。如果是這種情況，我認為轉調部門或者離職會比較好，畢竟若無法充分活用自己的特質，在職場上很難拿出好的成績。

決定去留的指標

想要獲得完全燃燒的感覺，絕對的要素是**你必須擁有「自己的型」，有著「我的工作風格就是如此」的自我感覺**。

每個人的工作風格皆不盡相同，無論對於人際關係、時間管理或者部門領導等，而重點在於你是否相信自己獨有的工作模式。如：「這麼做可以獲得相當程度的成果」、「這樣的進行方式對我來說比較順利」、「這個做事方式讓人心情愉快且專注」等。

要是缺乏這個信念，即使轉換工作也未必能有好結果。這是因為如果你對自己的工作模式沒能堅持的話，你可能無法靈活適應瞬息萬變的產品線或客戶端。比方說，如果你對自己身為銷售人員的工作風格有信心，那麼從一開始的挖掘潛在客戶到貼近客戶、聆聽客戶需求、提出企劃案，直到結案為止的這一連串流程下來，即使產品或客戶發生變化，你也能夠靈活對應與處理（當然，這並非要你固執己見）。

另一方面，如果你對於確立自己的工作風格還沒有把握的話，這不僅意味著你沒有掌握對當前工作所必須的敏銳度，甚至還處於從錯誤中學習、不斷摸索、搖擺不定的階段。這樣一來，即使你換了新工作，再次迷失自己的風險會大過從工作中獲得好成果的可能性。

對於這樣的人來說，首要之務應該是留在目前公司繼續努力，直到找出屬於自己的工作風格與手感，會是比較好的選擇方式。

下個工作，怎麼選？

如果你的結論仍然是「希望離職另覓出路」的話，那麼當你選擇下一份工作或公司時，重點並不在於公司的知名度或規模、年薪多少或員工福利等部分，而**應該要以「這是對自己將來有幫助的一個跳板嗎？」為主軸來做出選擇**。

例如：對於「未來想從事服飾產業」的人，不僅要考慮服飾製造廠商、服飾店等直接相關的產業之外，也應該將原物料供應商、設計公司、物流公司等間接相關的產業都一併考慮進來，這樣能夠拓展自己視野，會對了解本業以外的周邊業務環境與產業結構很有幫助。

即使年收入暫時減少也不用太擔心，因為這份工作是對自己將來有所幫助的跳板，不但可以邊做邊學，同時還能夠獲得薪資報酬，所以選擇這家公司不需要過多的猶豫與遲疑。

另外，你若能用這樣的想法來了解公司或工作的話，你會發現那些討論企業好壞的社群網站所提供的資訊來源並不可靠，這是因為網路評價主要是「來自他人的感受與故事」，實際上與你根本無關。因此，如果沒有真正進入該公司實際工作過，你是無法了解這家公司給人的感受是什麼樣子的。

同樣一份工作，有些人會開心地覺得：「這簡直是為我量身打造的工作！」也有些人會厭惡地覺得：「這家公司超爛的！」每個人的感受完全不同，千萬不可過度依賴他人的評價。

現實與理想的距離

我第一份工作失敗的原因，是因為把事情想得太簡單了。自己當時的想法是：「我要擁有日商記帳士檢定一級證照，之前為了準備國內會計師證照也讀了很多書，而我的目標是要考取美國公認的會計師證照，所以工作的首選應該是會計師事務所吧。」

說起來，那時我擁有的證照、所學習的事物，以及想考取的證照，似乎皆與我未來的方向不相符，或者更確切地說，我從來沒有認真地想過自己的目標到底是什麼。

「為什麼想要成為會計師？」這件事也是，只是因為覺得這個頭銜聽起來很專業、很響亮，是一份受人敬重的職業，很酷、很炫，如此而已。而且只要通過會計師考試後，直覺想到可以進入外商公司或會計師事務所的財務部門工作，這真是完全沒有經過大腦思考的想法。

夢想雖好，在踏入職場剛進公司不久後，一連串「大錯不犯，小錯不斷」的失誤，總是被主管訓誡，心情也變得鬱鬱寡歡，僅僅工作一年的時間，就有如逃難似地火速請辭。

寧為雞首，不為牛後

所以當我想轉換跑道時，我的思考點是**「一份可以消除痛苦的工作」**，投入**「努力就能開花結果的工作」**，於是我想選擇**「員工努力量與方向，在進入公司前必須是讓人清楚好懂的」**，因此把目標放在當時有著勢如破竹氣勢般成長的便利超商產業。

便利超商產業之所以讓我產生「員工努力量與方向，在進入公司前都已了解」的這種感覺，在於自己當時是一個人的單身生活，對我來說便利商店就是我的日常，每天經過時都會進去逛一逛，也讓我理解到哪些店鋪會吸引人想要走進去看看，哪些店鋪行銷做得不錯讓業績上升，是一種藉由實際體驗後而開始了解的產業。

另外，便利商店的許多面向也相當清楚易懂，比如招聘和管理員工等人事面、改善客戶服務等經營面、進貨熱銷商品等採購面、良好的產品展示等店鋪營運面、銷售額減去費用以獲得利潤最大化等財務面，彷彿是「企業縮小版」。因此，要怎麼做對公司整體比較好這件事，並不會讓人太難懂。

不過其中我也考慮到，「較為後期進入業界的公司，其工作方式尚未固定與僵化，我自己應該能對公司有較大貢獻」的這一點，因此我避開業界的前三大公司，而選擇加入比較晚成立的新興便利商店，並成為總公司的員工。

當時我是這麼想的，要是選擇已然是知名大型企業的話，想必那會是一個臥虎藏龍的菁英聚集地，可能又讓自己再度嘗盡苦頭，並陷入悲慘的局面。況且，面對大型企業內部已然固定的作業流程，我也沒有信心能夠創造出嶄新的自我價值。不過若是新興產業的話，或許會有不一樣的火花，因為並非所有員工都屬於超優秀的菁英分子，以及工作方式可能也會依照每個人個性而有不同的彈性空間去進行調整。

事實證明，我的選擇是正確的！進入公司後，我從早上七點一直工作到晚上十點，任職三年後，甚至獲得了公司頒發的優秀員工獎，圓滿達成自己當初設定的目標。

徹底鍛鍊的環境

雖然工作能力最終獲得公司內部的認可，但我也感覺自己已經到達某一個瓶頸。此外，由於上市上櫃公司在遵守政府相關勞動規定部分做得相當確實，而我因為比較想要自由隨性地工作，這與周圍同事們偏向認真穩妥的工作概念有所不同。漸漸地，在價值觀上出現分歧，也因此開始感覺到這個職場是越來越難以為繼。

於是，我選擇了從事營運策略顧問的外商公司為下一份工作，追尋一個**「能夠徹底鍛鍊自己的環境」**。

我比較不在乎年薪待遇，因為主要是為了鍛鍊自己的能力，所以對公司的培育制度或員工福利一點也不感興趣，即使對方提出的年薪較少，並且與應屆畢業生相同的工作條件，也會毫不猶豫地決定進入這家公司。

也正因如此，我學到了許多工作上的相關技能，直到自行創業前的那四年期

間，我的年薪已呈現倍數成長，這正是因為我在這家公司徹底鍛鍊了自己，才能造就出今天的我。

工作條件比內容重要

我的這些經驗或許已經是過去式了，可能不符合現代的價值觀，但無論如何，我認為**每個人都必須要抱持著一種最根本的目的：「如何發展自己的職涯，如何完成某個目標，並且選擇能達成這件事的工作。」**

能夠這樣想的話，便可以保持「工作只不過是達成目標的一種方法」的冷靜心態，排除與公司基本面無關的部分，用以選擇心目中的理想公司。

即使根據知名度或企業形象來選擇新的職場落腳處，那也只是主觀的認定，進入後的實際情況有可能跟想像的不一樣，畢竟你從未在那家公司工作過。例如：假設你因為「薪資很高」這個理由而選擇的話，但實際可能的情況會是，即便把加班費、員工福利等全部加在一起，或許都還比不上你以前的工作所領到的薪水多。

因為優先考慮工作條件而不是工作內容，你將會後悔萬分地哀怨道：「不應該是這樣的……。」再加上若是對這個工作沒那麼感興趣、薪資又不如預期的話，那真的會是個悲劇啊。此外，在前一間公司難與同事建立良好關係的人，問題也可能出在自己身上，若因此而換工作，那麼無論去到哪裡，仍會發生同樣的狀況，慘劇只會重複發生。

為了生活，把一天的大部分時間花費在感受不到自我價值的工作上，就這樣過了四十年，等同於白白浪費自己人生的一齣悲劇。

如果要換工作，原本的職位、身分、人際關係、安全感等都得全部放棄，到另一家公司再次重頭來過，你需要重新面對熟記工作流程、理解公司內部情況、建立新的人際關係等麻煩棘手的問題。而且周圍的人們可能會想要「見識你的真本事」，所以你或許會因為必須趕快拿出好成績而感到心煩意亂。

即使冒著如此多的風險也執意換工作，我想應該不用多說，**肯定是換了工作之後能夠「讓自己獲得更多成就感」的動機所使然**（當然也是有因為超黑心企業，令人感覺「快逃比較重要」）。

轉換跑道並不是終點，而是另一條新的起跑線，同時你也要思考這麼做是否能夠將自己帶往更遙遠的未來。因此我認為，有必要以「自己理想中的生活應當如此」為目標。

如果你仍然陷入迷惘、不知該怎麼做的話，那可以看看我的例子，我是**選擇「未來會想說給自己孩子聽」的那一條路**。

放棄「與人比較」，找到自己舞台才重要

POINT

□ 自己職涯中的幸福快樂是什麼樣子？
□ 清楚明確、有條理地解釋自己的價值觀
□ 沒有任何的幸福人生，是建立在與他人相互比較的延長線上

同事與後輩比自己先被提拔；公司主要企劃案負責人不是自己而是另一個傢伙；那個同事好像買房子了；有個好友是知名公司的高階主管；另外一個好友的小孩錄取了某所名校……。

當你拿自己與他人做比較，感覺優越感受到威脅時，便會產生嫉妒、眼紅等醜陋情緒。例如：內心煩躁，甚至有點受到屈辱的感覺。實際上，這或許是因為你心裡明白他人更為優秀，卻無法坦然接受這樣的事實，又或者自己很重視的人偏愛或讚美其他人時，也會引發嫉妒心作祟，是自已受到威脅所產生的情緒。

愛比較是人類天性

說起來，嫉妒心的起因都在於與他人做比較，只要不這麼做，就不會損及自己的優越感而產生嫉妒，然而現實生活中，人們卻很難做到這一點。

每個人的內心都存在著被他人認同的渴望（心理學稱之為「自尊需求」**），當然也更愛自己，會透過比別人優秀的思維來確認自我存在價值，並從中獲得安全感，人類正是這樣的生物。**

此外，人類也有另一種生物本能，男性會向女性誇耀自己比其他雄性動物來得威猛有力，女性也會向男性誇耀自己比別的雌性動物更具魅力、吸引力，雙方試圖獲得對方青睞，以得到更優秀的基因。換句話說，嫉妒是人類與生俱來的一種感情，但是許多人對嫉妒的印象依然停留在負面消極、醜陋的情緒上。

不過，嫉妒真的是那麼討人厭的感情嗎？真的是不能夠去用心感受的醜陋情緒嗎？再者，若站在「人類所有的感情都是因應需要而生」的觀點來看，嫉妒又代表了什麼呢？

之所以有嫉妒心，是基於「自己的優勢受到威脅」，這與恐懼不安的感覺相同，可以將其視為人類的一種防衛本能。「別人比自己優秀」意味著「我的生存形態將受到威脅」，會讓人察覺到「再這樣下去是不行的」。也就是說，**所謂的嫉妒，可以把它想成是「警覺到自己需要更加努力的訊號」，同時也是「使人精益求精的燃料」**。

危險的嫉妒情緒

有些人會把嫉妒化成發憤圖強的動力而持續努力，也有些人則會灰心喪志，滿腦子只想著要如何扯對方後腿，藉機將他拉下台。我想無論是誰都能清楚判斷出，這兩種完全相反的行為，哪一種才能帶來人們所期望的結果。

過度強烈的嫉妒心其危險之處在於，它的副作用會讓人們的「理智」斷線而招致痛苦。如果被嫉妒的情緒所支配，你將會有想扯對方後腿的衝動，進而無法專心工作與好好生活。

在職場上，如果你想到對方就會煩躁，或是看到對方的面孔就覺得討厭，當你受到這些情緒的影響，是絕對不可能會有良好的工作表現。這是因為內心充滿負面情緒，滿腦子只想著不好的事情時，壞事就有可能接踵而至。過度嫉妒他人的人運氣會變差，因為這些人往往無法積極思考，最終將自己推進不幸與痛苦的深淵。

來回想一下自己過往的人生經驗。**當你不斷追趕某人並且超越他時，你是否會感到高興呢？**當自己處於優越的地位時，的確能夠滿足自我的自尊需求與自戀情感。然而，那僅是一瞬間的自我滿足，最終你會為了優越感，而無法停止與他人比較，這就好像是你努力伸展身體，想讓自己看起來比別人更大、更強壯，但是到頭來，仍舊落入了痛苦深淵。

若只是為了滿足自尊需求而拚命努力的話，你將會無法思考「對自己來說什麼才是真正快樂的生活方式」。

蜜糖也可能是毒藥

的確，在公司得到主管的提拔或升遷，意味著自己的工作能力和價值獲得了肯定，自尊需求也因此得到滿足，你應該會感到相當自豪。

但如果是別人比你更快取得升遷的機會，那麼你應該會對自己不被認可、工作能力不足、對公司沒有貢獻等評價感到沮喪失落。

請你先思考一下，**自己職涯中的幸福快樂是什麼樣子？**幸福快樂絕對不僅僅只取決於出人頭地、飛黃騰達，而應該有更多面向才對。

如果你獲得升遷，你將擁有更多的權力與自由，薪資應該也會跟著水漲船高。此外，你也可能會從培育人才、推動企業組織發展等新的刺激（任務）中，獲得不一樣的樂趣。或許這樣的變化，正是讓你離飛黃騰達的目標更進一步。

另一方面，有些人雖然順利晉升到管理階層，但卻因為無法請領加班費，或是管理團隊的責任過於沉重等因素，讓自己在這條路上走得相當艱辛。

假如你身兼主管與員工兩種身分，那麼你的任務不僅是要掌握下屬的進度與外界批評，自己的分內工作也必須妥善處理。請試想，你有足夠的信心承擔如此龐大的業務量嗎？因為職級越高，必須承受的壓力也會越大。

然而，如果你只是一般員工，就只要承擔一般員工的責任即可，不需要為整個團隊的成敗負責，因此心情上相對來說是比較輕鬆的。

出人頭地、飛黃騰達有優點也有缺點，從前那些下班後與同事一起小酌、說老闆壞話藉以消除工作壓力的樂趣，可能也會跟著消失。**其感受因人而異，因為我的蜜糖也有可能是你的毒藥。**

再來是關於個性與工作觀。或許你會有「與其處在被業績追著跑的高壓工作環境之下，倒不如按照自己的步調長久安穩地做下去，所以即使別人升遷，也不會影響到我」的想法。

然而，**你可以輕易地得到一個具有正面意義的結論——能否出人頭地是機運問題，如果能做到當然很好，不能也無妨**。當然，這並不是因為受到他人批評而說出的嘴硬、不認輸的言論。抱持著「如果能被認可最好，但即使不被認可，只要盡到自己的責任和義務即可」的想法，你將能夠**更專注在要做的事情上**。

自我成長比輸贏重要

那些總是不經意與他人比較的人們，往往贏了會覺得自己很優秀，輸了就會很自卑，這種不服輸的性格，使他們容易情緒不穩定。若是對勝負的得失心太重，長此以往，將永遠無法建立自信，情緒不穩定的問題也會持續發生。

「喜愛吹噓炫耀」的人，會因為想展現自己的優越感，而說出瞧不起他人的言論，但他們卻沒注意到這種行為，只會讓人敬而遠之。難道勝負之分真的有重要到，值得讓自己長期處在情緒起伏大且不穩定的狀態下嗎？

職業將棋棋士藤井聰太先生曾經在某次訪談如此說道：「只要持續在將棋世界中對戰，輸贏總會風水輪流轉，得失心太重的話，對比賽沒有任何幫助。」

此外，在取得正式比賽二十九連勝的戰績前，他也提到：「勝負終將會回歸到平均值。」一年紀輕輕的藤井棋士，不僅在每一次的對戰時刻都做好了有輸有贏的心理準備，而且一點也不畏懼輸棋。他明白在將棋對戰的世界裡，不可能有永遠的贏家，如果只是以贏棋為目的，那麼將無法在將棋世界裡生存。

當時年僅十五、十六歲的藤井棋士，能夠擁有如此看透將棋世界的達觀心態，不禁令我感到相當佩服。

與藤井棋士的平穩心態相比，那些擁有「我想每次都拿第一名」或「我想打敗那傢伙」想法的人，似乎就顯得太過於幼稚。

一位十幾歲的青少年，在面對勝負的態度是如此豁達，相較於那些總是只想分出勝負、一較高下的二、三十歲的大人，為了輸贏使自己情緒焦躁不安，這是多麼不成熟的表現。

在現實社會中，透過與他人相互較勁所獲得的成就感，並沒有想像中的大。如果只是將焦點集中在如何獲勝，那麼你會花費更多的時間在追求勝負而非探索自我。如此一來，將會阻礙自我成長。

然而，**當你放棄堅持要贏過他人時，你將會開始真正成長，並且更關心該如何從中獲得滿足感，就能按照自己的步調、用自己的生活方式生存下去。**

舞台不會只有一個

在日本有個特殊的現象，那就是即使只失敗過一次，也會被認定為大輸家。這樣的結果，使人們對人生感到失望、對社會感到不滿、對未來的挑戰充滿猶豫不決。

這是源自於一種狹隘的信念，因為在人們心中，只會認定一個競爭舞台。舉例來說，大考結束之後，有些人因為沒有錄取心目中的第一志願，而開始對人生感到絕望，想著「我的人生全完了」；有些人則是剛畢業找工作不順利，便認為「人生碰到瓶頸了」。

無論是升學或是就業，這些都只是組成人生的其中一個因素，並不能用來決定你的人生。

如果你堅信競爭的舞台只有一個，若是輸了，你將會成為大輸家，人生也只會剩下絕望。於是你將選擇不再去挑戰，只願安穩地固守現狀，而那樣的生活也容易變得更加無趣。

然而，若你願意拓展視野，你將會了解到，在自己所不知道的另外一個世界裡，有許多人為了生活賭上性命、奉獻自己的一切，而競爭的舞台也不會只限於學歷、頭銜，或年薪上的相互比較而已。

用自己強項選擇戰場

雖然我擁有作家的身分，但仍然必須因地制宜，改變自我的觀點與想法以在這個社會生存。

我的第一本作品是投資相關書籍，後來轉向寫作技巧與商業技能的內容，例如：消費方式、有錢人的習慣等，最近我正在寫一本心理學領域相關的自我啟發書籍。

我總是嘗試不同的寫作領域，並尋求有賣點的主題以備不時之需，當市場上出現了許多競爭者且銷售量不佳時，便可以隨時派上用場。

以投資的領域為例，某投資者從前主要是投資房地產，但陸續出現更厲害的競爭者時，則必須順應時勢另闢戰場，如外匯市場、期貨商品交易市場、海外房地產投資、房屋租賃業務、太陽能發電等各種業務。

簡單來說，明明知道自己不高，卻執意要與別人比身高的話，那麼恐怕將永遠無法消除因身高所產生的自卑感。

當處在自卑的狀態又固執己見時，將看不見周圍的人事物。因此，找出「是否有其他能夠獲勝的領域或方法」，改變自我觀點及思維模式就顯得格外重要。

在我國中與高中時期，曾參加過排球社，即使社團內有些成員個子不高，但假若擅長判斷局勢、托球準確，就能勝任舉球員的位置；如果動作迅速、擅長接球，就能勝任自由球員的位置；如果跳躍能力強、具爆發力，就能勝任攻擊手的位置。場上六人各司其職，亦有各自發揮的空間。

隨著隊員的實力逐漸變強，進而在正式比賽獲得勝利時，相信他們也知道自己對球隊有所貢獻，產生信心後，就會擺脫個子不高的自卑感。

有許多方法可以展現自我價值，不要用特定的價值觀僵化自己的個性。**在不擅長的領域競爭，只會讓自己痛苦，要選擇有把握贏得勝利的領域。如此一來，就要去思考該如何充分發揮自己的能力。**

因此，只要努力鞭策自己，就不會特別在意自身的缺點或不擅長的事。要讓自己的人生與他人的有著天壤之別，將取決於你的想法。你是想在「我就爛」、「那傢伙明明就是狗屎運」等的自卑感中自甘墮落，還是讓「我要在這領域一展長才」的念頭，成為自己進步的原動力。

無關勝負的幸福

能夠清楚明確、有條理地解釋自己的價值觀，是停止與他人比較的一種方法。即便必須與別人比較時，內心也不會太過於煩躁不安。

如果你有堅定不移的自信心，相信「自己所有的行動皆是以此意念為基準」，那麼即便某方面不如別人，也不會感到自卑或產生嫉妒心理，不會讓自己被嚴重的負面情緒所影響。

例如：我曾經買過一輛售價十九萬八千日圓的二手車，這是因為我平常沒有太多機會可以開車，因此我也無法理解花大錢買車，卻將車擺放在停車場做裝飾的意義。

當然，如果你買了一輛自己很喜歡的高級房車，或許當你開車出門時，會為此感到自豪。不過，這種感覺一瞬間就消失了，並不會讓自己的人生有任何改變。這就是為什麼即使我的朋友或鄰居擁有再高級的豪華車輛，我也絲毫不在意。

當然，要徹底消除嫉妒心也許不是一件容易的事。**不過，因為「對方已經實現了自己的目標」，所以正是可以重新審視自己目標的好機會。**如果能夠冷靜思考，你將能理智地分析出對方有，而自己卻沒有的部分。

幸福不是由與他人輸贏來決定，他人的成功與自己的人生毫不相干。從當紅藝人選擇自殺的事件可以得知，我們無法解讀每個人的內心想法。

每個人重視的事物因人而異，各位首要之務就是要認清：**沒有任何的幸福人生，是建立在與他人相互比較的延長線上。**

若你能清楚這一點，那麼無論是遇到哪一種價值觀的人，你也能夠了解那是他個人所認知的「正確觀念」，而不會去過度在意。如此一來，你對於那些批評其他人的想法或憤慨的情緒也會逐漸消失。

換句話說，**你可以擁有一個平穩的生活。**心智成熟的人不會和別人比較，即使與他人比較、嫉妒他人，他們也會想辦法將這份心情轉化成「競爭力」，以激勵自己奮發向上，追求更好的表現。

放棄「在乎別人評價」，守護自我價值

POINT

- □ 過於依賴別人的評價，將無法獲得幸福
- □ 放棄自己無法獲勝的領域，找到自己能夠勝利的領域並全力以赴
- □ 從各種不同面向來評估自己

如前所述，若是想被他人認同的渴望（亦即自尊需求）過於強烈的話，這種人確實比較容易對生活感到艱辛與困難。

舉例來說，經常自怨自艾的人會說：「為什麼別人都看不到我的努力、為什麼都不讚美我？」或是習慣抱怨的人會說：「我明明都這麼努力了，怎麼好事都不會發生在我身上？」又或者，因為自己的成就不如朋友而感到失望的人會說：「我到底都做了些什麼啊……。」

渴望認同的抱怨情緒

未被滿足自尊需求的人，出乎意料地多。舉例來說，在網路上充斥著許多在社群網站發表文章，亟欲展現自己是如何過著充實生活的人；我也聽過許多中年及老年男性，對商店店員或車站工作人員態度傲慢，這可能是因為他們在現實生活中，所渴望的自尊需求沒有被滿足。

他們是那種會透過言語暴力傷害比自己弱勢的人，就是為了確認自己非常厲害（其實是幻想）。

像「現今的年輕人啊……」這句話也是一樣的道理。會說出這句話的人，是因為他們的價值觀無法理解年輕世代的想法，這個無法理解所造成的挫敗感，使他們更加堅信自己的想法才是正確的，我認為這與渴望滿足自尊需求有關。**可說是，有強烈自尊需求的人，亦是極度自戀的人。**

自戀是一種重視自己的感覺，每個人都會。對人類來說，這份自戀的心情不可或缺，因為人們能夠從中獲得自我肯定。

然而，**過度自戀會產生強烈自尊需求與強烈自我展現的欲望**。因此，這種人對事物的不滿與抱怨會越來越多，使自己越來越痛苦，也會經常和周圍的人事物發生衝突。

附和他人的思考模式

過度自戀的人，往往會對自我有著極高的評價。因此，這類型的人對於周遭的人所給予的評價或是對待方式，經常感到不滿，他們總是用自大的態度來展現自我。

由於他們習慣高估自己，覺得自己應該得到更多的正面評價、應該受到尊重、自己應該是菁英分子、應該過得幸福快樂等，因此總是對現實狀況並非如此而心生不滿。

然而，這種人的自尊心並不允許承認現實不如己意，因此內心那份想要告訴大家自己不是無能，想向周圍人們展現自我、肯定自我，想要獲得安心、被認可的種種情緒，加劇了自己的嫉妒心理，並轉化為挖苦、中傷、貶低他人等諸多惡劣行徑。

此外，**當他們發現自戀的形象與現實之間的差距時，不想承認這個事實的人，就會將所有的過錯推給其他人或責怪他人。**

舉例來說，有些人會去探究業績優異的同事，是如何達成目標，可能會想：「業績那麼好，是靠關係的吧？」其實，這是因為想要辯解「自己的工作能力沒有比較差」，而把個人行為正當化。

背地裡罵人、中傷他人也是相同的概念，可能會陷入「我不是無能」→「我應該更優秀才對」→「明明比別人優秀，怎麼會遇到這種狀況」→「不是我的錯」→「是別人不好」的邏輯迴圈。

在網路世界也是，有許多人會為了滿足在現實社會中無法獲得的自尊需求，而出現攻擊別人的言論，藉以釋放壓力，讓心情痛快舒暢。那些加入批評行列，使話題延燒的人們，大部分都以匿名來發洩不滿的情緒。

為了修正這種自戀的形象與現實之間的差距，**必須得放棄一直以來尋求他人認可且依賴他人的思考模式。**

如果你是一個極度渴望獲得認可的人，那麼你的情緒會很容易被他人的評論左右，這是一種既脆弱又容易受傷害的生存方式。長此以往，我相信這絕對不會是獲得幸福的途徑。

對自己的生活方式感到滿意的人，不會過度依賴他人的評價與認可。因為他們擁有適當的自我肯定感，認為「我這樣很好」，也不容易受他人影響，不會去議論別人是非，這也造就他們不介意別人的眼光和評論，安安穩穩過日子的生活方式。

滿足自尊需求的行為

前幾天，我在一位創業家的聚會上，聽說了「閃亮亮的創業女子」一詞。我認為，這個概念與「職涯規劃的優劣」相同，都是一種很夢幻的想法。以我個人的價值觀來看，**職涯規劃的重點在於：是否能讓生活更加充實。**

若考慮到這一點，那麼我們要如何接受人生中的每一次轉職，就僅僅只是個人問題，不應該刻意拿出來說嘴，向他人炫耀。

創業也是一樣的道理。創業的目的並不是要展現自己成功的一面讓別人欣羨，只是實現一般上班族無法做到的另一種工作型態。因此，當事人的感受更為重要。

「閃亮亮的創業女子」這種「我如此成功，是不是很了不起」的主張，大概只是一種滿足自尊需求的行為吧。

當查看各大社群網站時，滿滿都是現實生活過得相當精彩充實的貼文，如：「我手邊正進行一筆相當大的交易案」、「我收到知名企業的委託案件」、「我參加了一個很厲害的企劃案」、「我每天忙於開會與各式商業談判」等（好吧，或許這就是當初建立社群網站的初衷）。

的確，當人們滿足了自尊需求後，可能會沉浸在優越感之中，也可能因為確認了自我存在的意義而感到安心。由於受到旁人的關注，感受到自己在某個部分是有能力且有價值，或許這就是這樣的人獲得幸福快樂的要素之一。

然而，如果過於堅持要得到他人認可，你將會成為一個為了「看起來更美好耀眼」而疲於奔命的人。

像這樣一直在意別人的眼光，且為了不被看輕而虛張聲勢的生活方式，不是有點辛苦嗎？

盲目的「酸葡萄心理」

當你從朋友口中聽到「我創業了」或「我開公司了」，是否會對自己「沒辦法像他那麼活躍」而感到失望沮喪呢？

不過，這只是單純敘述一件事情，與是否賺錢無關。公司只不過是一個名稱，只要申請營業登記，任何人都可以成為老闆。

要做什麼樣的生意、要如何賺錢，應該會比自行創業或單純成立公司來得更為重要，所以別太著急。

當你看到那些出國深造的朋友或同學，或許會覺得他們閃閃發亮吧。不過，據我一位從事留遊學顧問朋友的說法，其實有很多人並無法回收留學期間所付出的成本。

我認為，無論是出國留學、研究所升學或考取證照，與其鑽研「別人創造的理論」，不如將所花費的時間與金錢，拿來創立一項新事業。

當你看到居住在海外的朋友或同學，或許會非常羨慕他們。我也曾經有好幾年，不斷地在日本與海外各國之間當空中飛人，也曾短暫居住過菲律賓的宿霧島，但這樣的經驗卻讓我了解到——還是日本最好。

舉例來說，當地洗衣精的品質不是很好，每次洗衣服時，衣服就會破掉或產生皺褶，牙刷等日常用品的品質也很差。另外，治安方面還是日本比較良好，外食的種類也比較豐富且衛生。

先進國家的代表——美國，雖然可能有得天獨厚的教育與創業環境，不過由於國家腹地廣大，如果沒有車，去哪裡都不方便。

另外，美國的社會福利制度不太完善（由於美國並非全民健保制度，因此醫療費用相當昂貴），且常有物價上漲、生活費居高不下的感覺（我有幾位住在紐約和舊金山的朋友抱怨，即使年收入達一千萬日圓，還是無法獲得更好的生活品質）。我認為，在美國生活是一件相當辛苦的事。

聽我這麼描述，你會覺得好像有點「酸葡萄心理」吧。所謂的酸葡萄心理，是出自一則伊索寓言故事，故事中有一隻狐狸因為搆不著葡萄樹上的葡萄，因而用貶抑的語氣說道：「反正那些葡萄都是酸的啦！」狐狸為了不想承認自己的失敗，所以貶低對方以正當化自己的行為。

不過，如前所述，當你增加自己的知識與經驗後，你便能理解「任何事物看不見的那一面，並不全然都是美好的」。換句話說，你越是了解對方或你要應對的對象以及社會結構，你就越能夠意識到，其實有很多事情，你並不羨慕。

所以，如果當你感到煩躁不安時，不妨去調查「實際的情形究竟是如何」，或許你會有意想不到的發現。

迎合別人看法的痛苦

許多人在**經歷了挫折和失敗後，便會開始接受「人外有人，天外有天」、「自己的努力還不夠」、「自己沒有這方面的才能」等這樣的現實。**這些都是屬於積極層面的「放棄」。簡而言之，**因為放棄了各式各樣的事物才能夠適應社會，情緒上也會比較穩定。**

容我再次強調，所謂的放棄，是指清楚明確地了解自己所擅長與不擅長的事物後，積極開拓自己的人生，使其充滿正能量。換句話說，就是爽快俐落地放棄無法獲勝（缺乏才能）的領域，找到自己能夠勝利的領域全力以赴。

雖然這個決定有時會是一個魯莽的判斷，也有可能因為先入為主的觀念，使你在還沒嘗試之前就已先排斥，但一般來說，「放棄」其實能夠激發一個人原有的才能。

相反地，如果你過度執著他人的評價，那麼當別人沒有給予正面評價時，你就很容易受到影響，讓自己的內心被不滿情緒所控制。如此一來，**你就會拚命地虛張聲勢或是費盡心思算計他人，完全不會想努力提升自我。**

這意味著你無法找出自己的強項，而你的人生將會在尚未發揮才能的狀態下，默默地結束。因為你在意的並不是「自己想要這麼做」，而是「想要讓別人這麼認為」。你只在意來自他人的評價，你的內心並不存在著要為自己做些什麼事的自我意識。

事實上，當你點燃了內心「我要做這件事」的火焰時，你應該會完全看不見他人的所作所為。要將全部的注意力放在自己身上，才能把焦點放在眼前必須要做的事情。若是無法做到這一點，日子將會過得非常辛苦。

多面向的自我評價

那麼，要怎麼做才能修正對自我的評價，且不會讓自戀情結的問題複雜化呢？雖然這是一項艱鉅的任務，但其中一個方法是：可以試著**從不同面相來評價自己。**

像是「維持自己的風格就好」和「我是否有做自己」等評價，都是從自己的理想面出發，為自己打分數，因此並不容易因外界評價的好壞而有所動搖。

然而，那些擁有強烈自尊需求與過度自戀的人們，由於他們評價的面相很少與成功幸福有關，所以很難實際體會「我也已經盡全力了」或「我真的很幸福」的感覺，而那些對自己的不滿情緒，反而容易轉變成對他人的嫉妒心或自卑感。

如果你對自己的評價相當高，那麼你理應不會無條件地羨慕他人。正是因為你對自己的評價不高，所以總是覺得別人過得比較好。

尤其是年輕人，因為人生資歷尚淺，只會從少數幾個面向來評價自己，所以才會衍生出各式各樣的煩惱吧。

另一方面，**如果你能夠從越多的面向來評價自己，你就越能評估出目前的情勢為何。例如：「這部分已經完成了」或「這裡還差一個步驟」，並思考應對之策。**如此一來，你的思考模式將不再過於極端，像是「我就是辦不到」或「為什麼都是那個人的功勞」等。

來自他人的評價是片面的，並不全然是客觀的資訊。因此，重要的是：要養成從各種不同面相來評價自己的好習慣。如果能夠做到的話，就不需要利用「他人的評價」這種不可控的指標來衡量自己，也將不需要再因他人的評價而患得患失了。

第3章

做不到也沒關係，做自己更容易成功

寫給因為失敗挫折而對自己沒信心的人

放棄「做不到的事」，失敗不等於末日

POINT

□ 自己能夠順利完成的事情，正是命運賦予的任務
□ 認真、真誠地對待力所能及的事，你的自卑感將會消失
□ 不要捨棄希望，如果捨棄了，將會一路走向痛苦

我們從小就被灌輸「能做到就是優秀，做不到就是差勁（或者說吊車尾？）」這種價值觀念。

在各位小學的記憶中，是否有因為學不會單槓後翻上，就被迫課後留下練習的同學呢？或是不喝營養午餐的牛奶，而一直坐在椅子上的同學呢？

其他的狀況像是除了要會讀漢字、背誦九九乘法表，還要會使用電腦、會說英語等，家長以及學校老師強烈要求孩子們提升自己的能力，不斷精進「能夠做到的事情」，我想這是我們共同的經歷。

接著，當出了社會後才發現，有好多好多的事情是我們力不能及，也會遇到許多比我們做得更好、更成功的人。

做不到的事，別勉強

我想應該有不少人會從這個殘酷的現實中，體認到自己的不中用和失敗感。但我認為，**「先嘗試做到某個程度，真的做不到就儘早放棄，好好精進自己能夠做到的部分即可」**。換句話說，**把自己做不到的部分交給他人，那些自己能夠順利完成的事情，正是命運賦予的任務。**

這個道理與是否適合、是否擅長是相通的概念。**做不到的事情無論再怎麼努力也無法做到，為了要克服所必須耗費的努力，將是相當艱辛的過程。**

如同第一章所述，當人們意識到這是自己不擅長的事情時，勢必無法集中注意力，就會影響做事效率。

相反地，若你在工作上如魚得水，氣氛有趣且輕鬆，大腦的整體功能就會被高度活化，就能提高工作效率與工作能力。

一次勝負不代表全部

以我自己為例，如前所述，我知道自己並不適合會計領域，因此果斷放棄。我也曾任職於某便利商店總公司的行銷部門，因工作需要，在操作POS系統*時，會使用到微軟公司的「Access」資料庫管理系統，但我不懂得如何操作因此放棄。即使後來上了許多次關於如何操作的講座課程，仍然無法理解，我想我大概不是這塊料吧。

我也放棄了成為經營者率領團隊的機會，因為我習慣獨立作業，覺得照顧別人很麻煩，因此決定創立「一人公司」。

還有學習英語。姑且無論我對英語是否有興趣，基本上我的工作很少有機會使用，再加上當花費許多時間學習，卻無法獲得相應的報酬，更使我無法維持學習的動機，連講義也全都扔掉了。

不要為了做不到的事情做無謂的掙扎，爽快乾脆地放棄吧。如此一來，你的頭腦就有餘裕可以思考自己能做到的事。以我為例，放棄之後就可以好好思考，如何將自己能夠做到的事情越做越好，例如：我擅長的寫作、演講，以及透過這些活動與讀者交流關於創業和投資的訊息等。

即便是上班族，我想只要在職場打滾了幾年後，就會發現自己比其他人優秀以及不如他人的地方。

據我一位在獵人頭公司上班的朋友所述，他說：「有些人進入外商公司工作後，因為在壓力之下被迫學習英語，覺得很不自在、很討厭，因而離職。」朋友說那位職員在銷售業務方面成績非常好，如果有空閒時間，他寧願用來精進業務方面的能力。但其實，如果他提升了自己的英語能力，就有可能獲得升遷的機會，在公司內部人事布局上，也會有相對優勢，這可能是讓他拓展自己職業生涯的好機會。

然而，那位職員最後選擇讓專業性達到更完美的境界，而非拓展職涯。雖然我不太清楚他後來的發展，但是我想，他應該不會後悔當初所做的選擇。

＊譯註：是指消費者在店面購物時，一套用來輔助店家完成結帳、進銷存管理的系統工具。

即使你不會單槓後翻上、不會說英語，也不意味著你的人生就會永遠不快樂。**很多事情無法只用辦得到或辦不到一句話定勝負，人生沒有那麼簡單。**

當然，如果對於某些你能做到，但卻是不必要的工作，那麼即使完成也是毫無意義，重點在於：生活中哪些事物值得珍惜，而不是能夠做到什麼（或者不能夠做到什麼）。

與其為自己無法做到的事情感到悲嘆，不如真誠對待自己所能做到的事。即便是一個很冷門的領域也沒關係，只要在該領域中好好磨練自己，相信你一定能夠獲得自信並且認同自己，自卑感也會逐漸消失。如此一來，你將不再覺得自己不如別人了。

接受事實，學會感謝

如果你堅持緊緊抓住已失去的事物不願放手，那麼將會永遠深陷於痛苦之中；但如果放棄已失去的事物，你就能對仍然所擁有的心存感謝。

我之所以能夠達到如此心境，是受到我大兒子生長遲緩的影響。醫生診斷出我兒子的病名為「自閉症類群障礙症」（Autism Spectrum Disorder，ASD）。他大概有以下的症狀，如：不懂得同理他人、不懂得察言觀色、無法有條理地邏輯性思考、不太能理解金錢或時間等抽象概念，且非常的固執。

此外，他的某些特定感官如：聽覺，則非常敏銳，這是一種有好處也有壞處的特性。

我的兒子雖然不懂得如何與人對話，而且他的聽力很敏感，即使對於很微小的聲音也相當在意，不過他的記憶力倒是很不錯。

患者的症狀從輕微到嚴重不等，智商方面，有些人反而比一般人來得更高，每個人出現的症狀不盡相同。

換句話說，症狀的表現因人而異，其他發展遲緩的類型有ADHD（注意力不足過動症）和LD（學習障礙），此兩種類型的症狀，有時可能也會一起出現。

我的孩子雖然沒有智能上的障礙，但他有很強烈的ADHD傾向，有時候他可能會出現突然大吼大叫，完全無法冷靜下來的情況。

ASD患者有下列共通的特質，例如：特別不擅長與人交流、容易健忘（但卻可能擁有超乎常人的記憶力）、我行我素、無法同時執行多項任務、當事情的順序改變時，會感到驚慌失措等。因此，我們可以了解到，這樣的情形經常會使他們陷入麻煩，很容易與周圍的人產生衝突和摩擦、難以適應社會，以及無法長期工作等。

ADHD患者也有相同的情形，即使表面上看起來似乎與他人的交流不成問題，但也會有容易犯錯、健忘、無法保持冷靜等特徵，因此他們總是在團體與人際關係中受到挫折。

近幾年來，「成人的發展遲緩」經常成為媒體熱議的話題，不過似乎仍然有不少人是直到被診斷出患有此疾病時，才首次意識到，「自己所遇到『生活艱困』，其實是受到發展遲緩所影響」。

特別是在像日本這樣如此強調「察言觀色」的環境下，受到的壓力也相對地大，那些具有發展遲緩的人，很容易被當成是擾亂秩序的麻煩人物，而受到其他人的排擠。

這些特徵可以透過兒童早期療育（兒童發展評估）等方式獲得改善，雖然根據每個人的障礙程度而有不同的成效，但仍然有可能讓孩子達到正常發展水準、適應社交生活的狀態。

話雖如此，這種病症既不是遺傳也不是後天造成的，而是一種先天性腦部功能受到損傷所引起的發展障礙。因此，接受醫學治療可以讓此病症獲得改善，但卻無法「完全根治」。

換句話說，「無法做到」這件事，是個殘酷的事實；即使做得到，也未必能達到如同其他孩子一樣的程度。因此，家長只能對這個事實感到無奈和遺憾，甚至加劇了沮喪、煩躁的負面情緒。

我認為，與其負面思考，倒不如換個角度來看看孩子們「能夠做到的事」，進而讚美孩子、嘉獎孩子，並認同自己的孩子具有與其他孩子不同的獨特個性。

每一個人能夠做到的事情都不一樣。在我周圍的人包括我的父母都認為，如果能將不足的部分改善到不會影響日常社交生活的程度，而過於常人之處則加以認可並使其繼續成長的話，就很好了。

若孩子能夠做到，將會是令人開心的事，但即使做不到也不要氣餒、失落，要繼續給孩子們機會，讓他們盡力完成自己能夠做到的事情。

轉換心境，不聚焦失敗

舉例來說，即使你考試落榜了，但是你仍然能夠從該次經驗中，發現不一樣的價值、獲得不一樣的經驗。

如果你只是聚焦在你做不好的部分或能力不足的部分（雖然可以透過反省當成日後學習的課題，以及從失敗或錯誤的經驗中獲取教訓是不爭的事實），但卻也很容易在事後讓人後悔或失去信心。

另一方面，**如果你能夠採取積極思考的方式，例如：「雖然沒有得到預想的一百分結果，但卻從這次經驗中，獲得了許多新知識與新發現。」如此一來，你的內心將不會只有痛苦的回憶，而是會留下屬於自己心靈的資產。**

與其考試落榜後，一直處於「因為沒考好，我也無可奈何，只好去念不想念的學校」這種畏縮、勉強的心態，不如轉換心境想想：「雖然這間學校的確只是我的第二志願，不過我要留在這裡盡我所能、全力以赴。」我想，若是能夠順利轉換心境的話，你的校園生活應該也會更加愉快。

同時，無論你可以做到多麼厲害的事情，重點在於：你是否能夠覺察完成這件事之後，會帶給某人什麼樣的意義。我想這一點，應該會對社會產生不同程度的衝擊與價值才是。

我不是教育專家，當然也不是醫生，更不是發展心理學的研究人員，但是，我依然希望藉由討論自己孩子的發展障礙，能夠給予那些孩子具有某些障礙的父母親與家庭，一絲勇氣和希望。

實際上，已經有許多讀者看過由我執筆的「關於發展障礙」的網路專欄文章，在社群網路上也多次被公開分享轉載，獲得了廣大迴響。

雖然社會上存在著一些負面意見，但似乎是那些有如此想法的人，對發展障礙抱持著負面印象的緣故。

一旦將發展障礙的人定義在「不相容於社會者」的框架內，發展障礙將會變成一種不幸的化身。越是感嘆自己不幸的人們，越會變得不幸福。

相信自己與未來

由於本書的主題是「放棄」，或許有人會想：「是不是也有必須放棄希望的時候呢？」

當然，我認為**捨棄掉「假『希望』之名，行『自己想要的願望』之實」的做法會比較好**。

舉例來說，有些人會說：「我將來要成為一個偉大的人物！」這種話對他人而言，像是一種表露自我的渴望、功成名就的象徵。我想，應該不會將其定義為「希望」。

希望意味著相信自己與自己的未來。如果不相信，你就不會認真地去嘗試做更多事情、了解更多未知事物、想出解決問題的方法等。

如果**放棄希望，就只剩下絕望一途。不僅會茫然失措、失去方向，甚至變得自暴自棄。無論如何，結果都是痛苦和不幸**。

希望也是意志。所謂的意志，指的是思考與思維。因此，我會盡可能藉由提問來幫助你思考，期許各位讀者都能夠擁有希望。

我正面臨人生的課題（例如：我有發展障礙的孩子）卻也懷抱著希望，當然這是我個人的家庭狀況，但如果換作是你遇到這種問題，你會怎麼做呢？

放棄「改變性格」，利用優勢就會有成就

POINT

☐ 想要將內向性格改為外向（反之亦然）是白費力氣
☐ 選擇一個可以充分發揮個性與才能的領域
☐ 精細地從各種面向挑選出自己的強項與優勢

你是否曾有過「討厭自己的性格，想要改變」的想法呢？其實，我年輕時曾經有這麼想過。

每當看到那些總是能炒熱氣氛的同學們，我就非常羨慕，希望自己也能像他們一樣受到全場矚目，想成為一個受歡迎的人。

這是因為我從小就比任何人都還要害羞，是一個性格陰沉、消極畏縮的內向型人格者。

難以合群的內向人

舉例來說，我沒有參加大學畢業典禮，是事後才悄悄地前往教務處領取畢業證書。而我也沒有非常要好的朋友，因為一大群人聚集在一起的場面，只會讓我感覺到痛苦。

當我還在一般公司任職時，如果上班途中在地鐵站附近巧遇同事，別說是打招呼了，我甚至會假裝沒看見，偷偷地改走另外一條路去公司。即使我能向同事道聲早安，但在這不到五分鐘的路程中，我無法與他持續進行對話，這段沉默的時間對我來說相當可怕。

記得有一次參加友人的婚禮時，被安排和不認識的人一桌，結果無法鼓起勇氣與陌生人搭話的我，最終忍耐了兩個小時一句話也沒說，就這樣默默地結束了這一場婚宴。

在我開始寫作事業之後，某次我參加一位作家的聚會時，也是相同的情況，我不認識在場的任何一個人，當我抵達會場約十分鐘左右，我便以「有緊急工作要處理」為由，迅速逃離現場。

我這樣的性格活了五十多年，依舊過得非常幸福快樂。這是因為**我從客觀的角度，確實掌握住自己的內向性格，並且選擇能夠充分發揮這項特性的工作與環境**。反過來說，其實我是盡量遠離那些，自己無法充分發揮能力的地方。

形成性格的三層面

正如書中一直反覆提及的內容，**一個人的性格，是由與生俱來的「性情**（包含天賦與資質）**」，與從環境和經驗中獲得、形成的「思維、行為特徵」所結合而成的。**

自小開始，父母親與師長便對我們時而讚美、時而訓斥；在與朋友一起玩耍、打鬧的過程中，我們學習到了「這樣做是好的行為、那樣做是不好的行為」，以及「這麼做家長不會認同、那麼做家長可以接受」等各種經驗。

透過整合這些經驗與訊息的同時，我們也創造出了「自己」。換句話說，所**謂的性格，是為了生存而打造出的盔甲，是一種「生存策略」，因為「這是對自己最適合的方式」。**

我認為，這種性格乃由**「三種層面」**所組成。第一層是**「性情」**，第二層是**「自尊心」**，第三層是**「信念」**。

◆性情

第一層的**「性情」，是人格形成的核心要件**。舉例來說，即使是同一個家庭的兄弟姐妹，也是有些孩子只想自己默默地玩耍，有些孩子則會找其他人一起玩耍，這是一種天生的差異性。

所以，如果你從小就是一個內向型的人，而不是因為誰的教導才表現出來的樣貌，那這就是你與生俱來的性情，無法改變。

假如你是在成長過程中變得怕生、陰沉、沉默寡言、冷淡孤僻、膽小畏縮等，很可能是因為經歷了某些事件而觸發了改變的契機。那是我們稍等要討論的第二層和第三層。

◆自尊心

第二層在第一層的外側，**是構成性情基礎的基本骨架。例如：對自我的肯定感覺，覺得自己很優秀**。這是在與家族以及養育者之間的互動關係中所形成。

這裡所指的自我肯定感有許多面向，包含了對自己本身以及對整個世界的信任感。比方說，**「我是一個可以為他人做出貢獻的人」**的自我能力感、重視自己的自戀感、**「我就是這樣的人」**的自我認同感，以及**「我有自己的獨特價值」**的自尊情感等，能不能獲得以上這些情感，取決於童年時期家庭環境的影響。

舉例來說，一個從小被虐待長大的孩子，不易與他人互動，亦難以培養信任關係，因為他們無法確保所處環境是否能讓自己感到安心。

然而，當自己為人父母時，也會重蹈原生家庭的覆轍，繼續虐待自己的孩子，形成一種不斷重複的負面循環。

即使沒有受到虐待，那些在父母高壓控制底下長大的孩子、在父母漠不關心，完全感受不到親情之下成長的孩子、因父母過度保護與過度干涉而必須經常看父母臉色的孩子、總是處在與他人互相比較的環境中長大的孩子，或者在只有「如果你這樣做我就給你獎勵」這種條件交換的愛情下長大的孩子，往往也是**「自我肯定感」低下**的那群人。

經歷過這樣童年的人，為了不被他人嫌棄或討厭，他們會壓抑自己以迎合他人。或是為了從別人那裡得到正面評價，而老王賣瓜，自賣自誇地淨說些吹牛皮的言論，有時也會直接展現消極的態度，給人一種膽怯退縮的印象。

此外，未能滿足的自戀情緒，會展現出過度的自尊心。像是「我的驕傲不允許我輕易低頭」等態度，有許多人就是因為這種無謂的自尊心而錯失了良機。

◆信念

接下來，位於第二層外側的第三層便是**信念，即行動的原則**。

我們每一個人，都是透過與家庭環境、學校環境、人際關係的互動經驗中，學習做人做事的道理。像是「這件事必須這麼做」、「這件事不能這麼做」、「這是正確的」、「這是錯誤的」等。

其他我們也可以學習到如何判斷情勢，如：「這樣做行得通，那樣做行不通」、「這對我有利，那對我不利」、「這是有意義的，那是毫無意義的」等。

藉由這些經驗與學習過程，我們就能夠修正自己思維的方向，以適應整個社會環境。

雖然這種信念**在某些環境中對自己有利，但另一方面，有時候也會變成一種**

先入為主的偏見或刻板觀念，反而局限了自己，讓自己陷入痛苦之中。

舉例來說，有些人認定「商人都是黑心人」、「朋友要越多越好」等刻板印象。你身邊是否也有存在著這樣刻板印象的人呢？又或者你身邊是否有些人堅持毫無根據的「應該論」，硬是強迫你以及你周圍的人接受他的論點呢？比如：「媽媽應該這樣做、教育孩子應該那樣做、男人就應該怎樣做」等。

只不過，由於在第二層和第三層所形成的思考模式與價值觀，是經由學習而得的「處世技巧」，因此，只要透過新的學習便可以持續進步。

當然，無論是環境、人際關係，或是自己的能力都會隨著時間改變。所以，**捨棄不適合自己的思考模式與價值觀，重新選擇並接納適合自己的想法與價值觀，能做到這一點才是真正的「智慧」，也是一個成熟的成年人應具備的樣貌。**

然而，在現實社會中，卻總是難以做到，這是因為目前社會上的絕大多數人，都是屬於無法改變自己的想法、不知變通的人。

接著，讓我們回到是否可以改變內向型性格的問題。**再怎麼積極努力想要把內向型的性格轉變成外向型的性格，結果很有可能這些努力皆無法得到回報。決**

定外向或內向的主因，幾乎是和第一層與生俱來的性情有關，這是形成性格之前的根本要件。

若是內向型的人試圖要改變自己，努力變得外向的話，這不僅是一種與自身性情相違背的行為，而且也會給自己帶來極大的壓力，導致成效不彰。

簡而言之，為自己的內向性格而憂慮，試圖轉變成一個外向的人，那也只是白費力氣而已。

成功關鍵在選擇

外向與內向沒有「好壞之分」，就好像你拿一盒色鉛筆，比較藍色和紅色哪一支更好是一樣的道理，那是沒有意義的比較。

那麼，為什麼仍然有不少人擔心自己的性格呢？這是**因為大家堅信「必須要外向」所致，所以只要捨棄掉這種信念，那麼原本的擔憂將不再是問題。**

請試著回想自己學生時代，班上應該都會有那麼一個人，總是能聚集大家的目光、人緣很好的同學吧，那個人現在過得如何呢？

或許他的事業非常成功，也或許他沒有那麼成功，任何情況都有可能。也就是說，**成功與幸福，並不是由外向或內向來決定**。

我認識一些IT新創公司的負責人，但他們之中的大多數人都算冷淡、不多話、不太會帶動氣氛。

另一方面，我也熟識許多餐飲業老闆，他們之中的大多數人都很友善，善於逗人開心、熱情好客、樂於助人，只要有他們在的地方，肯定能夠把氣氛炒得相當熱絡。

從這裡我們可以理解到一件事，那就是：**成功的人之所以能夠活躍於業界，正是因為他們選擇了可以發揮自己性格與才能的職業，選擇了能夠一展所長的領域**。這對我們一般人來說也是一樣的。性格，在某種程度上幫助我們界定了能夠發揮自己專長的世界。

此外，如前面所提及的形成性格的思考模式與價值觀，也是可以透過捨棄或添加，來修正原本舊有的觀念。

根據上述內容來選擇自己的生存方式與生活的世界，是非常重要的事。就像膚色的不同與個人魅力或價值並沒有直接關係，內向或外向與否也和個人魅力或價值無關。

而且，與生俱來的內向性格一定有其意義。因此，以最原本的樣貌去選擇能充分發揮自己才能的領域，是再自然不過的事。

當然，這並不是意味著不需要持續努力，而是得**選擇「付出的努力，不會使人陷入痛苦」的環境**。

挑出自己強項與優勢

要找到能夠活用自己性格與才能的職業和領域，其中一個方法，便是要**從各種角度詳細分析，你認為哪些工作或業務的內容，覺得做起來充實又愉快。**

重點在於「精細度」。大多數的人對於自己適合什麼、不適合什麼，通常只能掌握一個大概的方向，並沒有太過精確。

比如說，像這樣的自我介紹「因為我喜歡人，所以我想從事業務開發或客戶服務的工作」，就太膚淺了。

所謂的「喜歡人」，是指能否具體地提出對「人」的哪些部分感興趣，以及哪一種與人相處的方式覺得最舒服等，這其中的眉眉角角之處，都必須得再深入挖掘。

如果你「對人的情緒變化感興趣」，那麼不僅僅是業務開發或客戶服務等工作，你應該也可以將ＦＢＩ心理分析師、精神科醫生、心理諮商師等職業，納入選項之中。

像這樣子，**試著從各種面向更加精細地挑選出自己的強項與優勢，並且特定出某幾項，那麼你的工作與生活方式的選項，將會更為豐富多元。**

此外，人類並非一成不變，人們會在某些特殊情況下，擁有不同的性格，時而外向時而內向。

以剛才提到的ＩＴ新創公司的負責人為例，儘管平常沉默寡言，但只要一提到跟工作有關的話題，就會變得相當健談。對他來說，因為他不擅長聊天，所以需要聊天的部分就交付給下屬去做。他認為，只要能夠在工作上完整傳達業務內容，其他部分應該就不是太大的問題。

因此，如果能深入了解自己的性格，你就**可以在擅長的領域中充分發揮；如果是不擅長的領域，則採取迴避的措施即可**。

透過仔細掌握自己外向的部分和內向的部分，你將能在必要情況下發揮自己的優勢，毋須勉強自己做不擅長的事。

我要再次強調，與其為了要將內向的自己，轉變成另一個完全相反的性格而掙扎、著急，最重要的是，你應該要靈活運用已經具備的自我特色與才能，以因應各種不同的突發狀況。

能達到目的就是好方法

一般來說，能言善道的人及外向健談的人，多屬於善於溝通的人，但是**「能言善道」與良好的溝通能力，是完全不同的事情**。

政治人物或演藝人員有時候會不小心說錯話，引發各界討論，甚至被言語攻擊或被「鍵盤柯南」起底。這時，無論再怎麼能言善道的人，都已被扣分。

所謂的溝通，是指將自己的想法確實傳達給對方，並且也確實接納對方的想

法。從這個觀點來看，可以說單方面地傳達訊息，其實是一種不擅長交流的聊天方式。

由於溝通是雙向進行，應該有來有往，如果對方只能當個聆聽者，可能會因為內心無法獲得滿足，而感到沮喪挫折。

不過事實上，不擅長說話的人，很容易自然而然地成為一名「聽眾」，在傾聽的過程中，能提升說話者的滿足感，可說是另一種優勢。

此外，**溝通一定有其目的性。如果能夠順利達成目標，就表示你善於溝通；反之，若無法達成目標，就表示你不善於溝通。**

比方說，我們與他人談判的目的，是為了找到一個無論是讓自己還是對方（談判的雙方），都能夠滿意的平衡點。假若你不管對方的心情，試圖強行推銷自己的需求，那麼只會讓對方心生不滿，為自己留下日後可能會遭受對方反擊的風險，這也是屬於不善於溝通的例子。

即便是貌似漫不經心的閒聊，其實也有其目的性存在。商務會談中閒聊的目的，是雙方為了展現對彼此的好感、釋出善意，以緩和現場緊張氛圍，讓整場對談能夠順利流暢地進行下去。

我們可以運用各種方式來達成目標。除了交談之外，還有其他許多方法，像是眼神和臉部表情、手勢和動作、電子郵件和影片等。

換句話說，**即使你的口說能力較差，仍然可以善用其他方法進行，透過整合的方式掩藏自己較弱的部分，只要能達成目標即可。**

如此一來，你應該會發現，實際上那些原本你以為必須風趣幽默，或是必須炒熱氣氛逗大家開心的情況，其實並沒有想像中的多。

重要的是，要意識到交談時，自己與對方的目的為何，並且專注於該如何順利達成。

我並不是個能言善道的人，如果是談論工作方面的事，我可以侃侃而談，但若要閒聊，就會令我相當頭大。因此，基本上我會優先考慮只需要談論工作的人際關係。

工作的目的性極為單純，一般來說主要會放在「產品能否熱賣暢銷、商品是否具有廣大獲利空間、公司是否能有高利潤」等事項。

由於我的個性較為畏縮不前，所以我會盡力避免在工作之外，與初次見面的人接觸。而且因為自己這種陰沉的性格，我並不會主動跟別人搭話，自始至終專心傾聽對方說話，貫徹「聆聽者」的角色。

各位內心可能會有「如此一來，工作將無法順利進行吧？」「在職場上會不利於己吧？」等疑問，不過這些對我來說，完全不成問題。

相反地，我反而從經營人際關係的龐大壓力中解脫，每一天都覺得過得比之前更開心。

我的職涯能夠成功發展，是因為我是個人工作者，以網路為主要的工作環境，這也是因為我意識到，這是適合我的工作方式，所以才能一步一步慢慢建構，進而得到令人開心的成果。

放棄「拚命學習」，強逼自己難有成效

POINT

- □ 為了什麼目的而學習？這樣的學習對自己的人生有多重要？
- □ 想像一下「持續學習的未來自己」
- □ 只要閱讀方法正確的話，閱讀就是一件美妙的事

我想，應該有很多人在學習各種語言、參加眾多證照考試，或公司升等考試時，曾經有過這樣的念頭，那就是「雖然不願意，但必須得努力念書」。可能有時也會想：「今天好累，明天再開始好了。」為自己找一個偷懶的藉口。

尤其是那些公司所要求的學習，和為了升遷不得不做的學習，一點也不有趣。就算心不甘情不願地去學，也很難真正學會，這種過程既痛苦又累人，讓人一想到要學習，就會鬱鬱寡歡。在這種情況下，「爽快乾脆地放棄」，也是其中一個方法。

不快樂的學習

不過，或許你會感到迷惘與困惑，認為如果僅僅只是因為「好痛苦」、「不擅長」、「好難熬」等理由，就想要逃離的話，是否正確呢？相信你也曾經有過「想要放棄，但卻不能放棄」的衝突又矛盾的心情。

我認為，之所以會出現這樣的猶豫或衝突，是因為自己的內心存在著一絲的可能性或期待，想著「只要我這關忍耐過去，或許就能開啟美好光明的未來」。

但，學習本該是件快樂的事。透過學習，不僅可以吸收到新的知識，並且從認識新事物的過程中，拓展自己的視野，讓自己看事情的角度更加精準、敏銳，同時也能提升自我價值，讓自己的工作成果更具品質及意義。

能夠以這種方式感受到自我成長，是一種接近於「自我實現」的理想形式，同時也是一種幸福。

當你覺得「不想再繼續學習了」，不如嘗試接下來要介紹的「意象訓練」吧。

確定學習目的

首先，**請你先回歸到一開始學習的初衷，思考究竟是為了什麼而學習，要盡可能努力找出「達成這個目的，對自己的人生會有多麼重要」的答案**。

以我為例，前面有提及我放棄了學習英語，若問我當初為什麼會想要學習英語，這是因為之前在一般企業任職時，曾經有跳槽去外商公司的念頭，所以想增進英語能力。

然而，即使不會說英語，如前所述，我仍然順利跳槽，進入了嚮往的營運策略顧問的外商公司。在我轉換跑道之後，由於當時的工作環境，無論是主管或下屬，甚至接觸的客戶都是日本人，幾乎沒有使用英語的機會。

當時日本公司的最高層長官是英國人與澳洲人，雖然他們不會說日語，不過由於他們談論的話題，主要是與企業經營相關事宜，這些都是屬於公司董事與其他重要幹部的工作，所以一般職員如我，完全沒有機會與高層長官說話。

我過去也曾夢想在國外工作，但是認真說起來，我並沒有任何具體的目標，甚至當我在思考「為什麼想去國外工作？」時，也只出現了「因為感覺很酷、很有趣」這種**籠統含糊**的憧憬幻想。這樣的想法，並不能提升我的學習動機。

在那之後，我便開始了房地產仲介業務，讓自己學習投資國外房地產，也因此，當我認真考慮要將「投資國外房地產」納入業務範圍時，我便再次開啟了挑戰英語學習之路。

我想，如果我會說英語，就可以直接和當地的房地產經紀人與房地產開發公司進行交流討論，這應該會是一個拓展業務的好機會。

不過，由於我的主要業務仍是日本國內的房地產仲介業務，因此並沒有理由一直待在國外，再加上只憑著自己的力量，很難獲得當地更詳盡的資訊。

最後，我不得不仰賴已在當地落地生根的日本人代理商幫忙，如此一來，仍然只需要使用日文，就可以完成大部分的工作。

另外，許多國家針對外國人從事房地產投資事業，有制定相關的規範，這種情形並不少見，尤其是開發中國家，有時候會突然發生規定變得嚴格、稅收高漲、無法貸款，或必須籌措大量資金等狀況，因此，會有很高的國家風險*。

而且，國外房地產投資事業對大多數人來說，心理門檻較高，客戶數量也遠低於國內市場。因此，以公司整體收益來源來看，房地產投資事業的利潤規模，並沒有想像中豐厚。

考慮到這一點，或許在必要的場合，聘請口譯員居中翻譯，會比自己追求英語精通要來得更為輕鬆簡單，而且也能減少產生誤解的風險。

綜合上述情形，我發現到一件事，那就是我的工作性質乃以日本國內業務為主，這樣的我即使會說英語，卻也不會對我目前的工作成敗，或是未來的人生幸福與否，產生太大的相關性或影響。

每個人的狀況不盡相同，或許當你考慮到「對自己而言，最根本的目的是什麼」時，你可能會察覺到，這樣的學習一點也不重要，或是完全相反的結果「果然還是需要更努力學習！」也不一定。

＊譯註：係指國際經濟活動中，因交易對方國家的政治、經濟、法律等因素變動，所引起的遭受損失可能性。

堅持或放棄的判斷

接下來，要**請各位試著想像兩種狀況，分別是「選擇放棄的未來自己」，以及「堅持忍耐努力的未來自己」**。

假設放棄英語學習的原因，是既困難又麻煩，那麼你想像的畫面，應該會是**「放棄學習之後的未來自己」**。

你看到的未來是：若是一直處在英語能力停滯不前的狀態下，便無法跳槽到夢寐以求的外商公司工作，也無法獲得派駐海外的工作機會。未來將會在目前的公司勉勉強強地繼續工作下去，直到屆齡退休為止。假使能夠順利轉換工作，勢必也會因為自己能力所及的事情有限，而僅僅獲得與之前同樣的待遇吧。這樣的發展，是你所想要的嗎？

如果你的想法是「這樣就好」，那麼放棄英語學習對你來說並不礙事，但如果你的想法是「我不喜歡這樣」，那麼相信你的內心應該會升起一股「我絕不放棄、我要繼續去做」的動力吧。

另一個想像的畫面則是**「持續學習之後的未來自己」**。這邊的假設是：即便事情又困難又麻煩，很容易遇到挫折，但你仍然忍耐並持續努力、追求進步。

你看到的未來是：你變得越來越能夠使用英語流利溝通。你向公司提出申請派駐海外的分公司，並決定要到國外闖一闖。或者你順利轉換跑道到知名外商公司工作，收入因而增加不少。因為你不用擔心「語言不通」的窘境，所以你可以開發來自世界各地的商業夥伴，而且你也有足夠的信心在日本或國外的任何地方，都能夠做到。將來若有機會與家人一同移居國外，也是個很不錯的選擇。

如果你的想法是「這並不是一個很吸引我的職業」，那麼放棄英語學習對你來說並不礙事，但如果你的想法是「我感到熱血沸騰、情緒高昂！」那麼相信你的內心應該會升起一股「我絕不放棄、我要繼續去做」的動力吧。

最後，**如果你決定好「我絕不放棄、我要繼續去做」的話，這個目標將會變得清晰可見。**

舉例來說，有些學生在參加高中入學考試之前，會先買好第一志願學校的制服，放在自己房間做裝飾，或是在第一志願學校的門口拍張紀念照，時時看著照片激勵自己，想像自己錄取後進入該所學校就讀的景象，以保持自己努力學習的動機，這是其中一種方式。實際上，在我求學時，我也曾經做過一模一樣的事情。

如果你想要透過學習獲得某些事物，你不妨可以試試將相關的景象設定成手機的待機畫面（或電腦桌布），經常看著自己的目標，是個不錯的方法。

此外，如果你對於自己想要擁有的未來，已經有了具體的形象，不妨試著將你想成為的形象，與你憧憬的狀態和場景相結合，藉以激盪出新的火花。你覺得哪一個方法比較適合自己呢？

帶來幸福的閱讀

對上班族來說，**「閱讀」**是一種簡單方便的學習方式。就我個人而言，我的人生的一大部分是由閱讀所構成，這麼說一點也不為過，因為書本的確帶給我極大的影響。所以，我深信**閱讀可以為我們帶來幸福人生**。

從二十多歲到三十多歲的這段期間，我真的就像「書蟲」一般，非常喜歡看書，一年可以閱讀一百多本以上的書籍。

而每讀一本書，都能夠讓我的思維模式有所提升，當然也同步增加了投資與商業相關知識，讓我現今即使遇到未知的問題，也幾乎都可以迎刃而解。

由於親身的經歷，所以我一直都很鼓勵大家多多讀書。不過，與從前相比，我現在閱讀的書籍少了許多。

每次在寫書時，我會閱讀必要的書籍，從某種意義上來看，這就好像是在做一種市場調查分析（競爭者分析），然後嘗試著提出自己的看法。

由於我已經擁有了自己理想的生活形式，所以漸漸地，我也就不必再那麼依賴書本了。

現在的我有相當充裕的金錢與時間，且沒有煩惱或憂慮，即使遇到麻煩事，我也有能力與信心去妥善處理，因此能從書本上得到的建議少之又少。這也是為什麼每年大概只有一、兩本書籍，能夠讓我留下深刻的印象。

特別是自我啟發類的書籍，通常是當人們眼下面臨到人生難題，想找尋解決之道時，才會去閱讀的書。

這意味著，**若閱讀自我啟發類書籍後，卻沒有獲得具體的幫助，例如：得到**

新的學習體驗與認知來改變個人行為、解決個人的煩惱與憂慮，或是獲得比目前更高的收入等，那麼閱讀這類書籍，就真的只是單純打發時間而已。

決定價值的讀者

我認為，自我啟發類書籍的意義在於：**獲得自己目前所沒有的思考模式和想法。**也因此讓我產生了**「決定書本價值的是讀者」**這個想法。

這是因為，如果讀者認為「讀起來不有趣是作者的錯、讓人看不懂是作者寫得不好」，把全部的責任都歸咎給作者的話，那麼將無法從書中學習到任何事物。

若是讀者把過錯都推給他人，的確這麼做能夠保持讀者自我的自尊心，但也會讓他們內心產生「我才是正確的、我才是聰明的、作者是愚蠢的」這種驕傲的心態。

然而，為了證明自己才是正確的，其所要付出的代價，是無法從書中學到任何的事物，這樣就顯得有點本末倒置。

很多人都誤解了書籍的使用方式，**只會挑選書中對自己有利的資訊。**說起來，這種「貼標籤」的方式，造就了如今的我們，人們一直以來的生活，都是用這種「貼標籤」的方式所堆砌而成。姑且無論分類的方式為何，如果再次進行相同的分類（再次被貼上同一類的標籤）時，是否會產生不一樣的變化呢？

當然，也有些人在閱讀後，會產生「我不這麼想」或「我不能同意、我無法認同」等感想，如果把產生這種感想的自己，與一路用「貼標籤」堆砌起來的自己再次進行相同分類的話，生活仍然不會有任何改變。

對於這樣的人而言，「閱讀」這件事，與其說是打發時間，倒不如說是時間和金錢的雙重損失。

反向觀點更有新知

許多人認為，一本肯定他們自己的思考模式、價值觀，以及行為舉止的書，就是好書。相反地，與自己意見相左的書，則是一本不好的書。

不過，各位必須要注意到一件事，這樣的想法只會更加深自己原有的刻板印象而已。

在網路的世界裡也是，充斥著各式各樣的書評，如：「買了只是浪費錢」、「感覺沒什麼用的書」、「看不懂到底在寫什麼」、「越讀越生氣」等，只因為書中的觀點與自己的想法不相符，所以討厭那本書。這樣你讀那本書的目的，究竟是什麼呢？

是因為你想要證明「自己並沒有錯」而鬆一口氣嗎？我想，應該是你遇到某些和往常不一樣的狀況，導致內心焦慮、擔心，覺得突然面臨到新的人生課題不知所措，而你試圖尋求解決方法，所以才會去閱讀那本書吧。

換句話說，**越是與自己不同的意見，反而更需要試著去接納、融入，必須要能換個角度思考才行，像是「哇，居然也有這種思考模式」，或是「為什麼他會提出這樣的主張呢？」等，只不過大部分的人們都反其道而行。**

而這種反其道而行的做法，也與之前提到的「獲得自己目前所沒有的思考模式和想法」相違背，因此即使他們讀了書，也不會改變自己的人生。

即使書本的內容提出了與自己不同的意見，但是我們仍然可以想像一下作者的思維框架，試著理解作者為什麼會提出這樣的論點。藉由想像的過程，重新審視自己過往的人生經歷。然後要能夠從中汲取教訓、自我反省，以及掌握對未來的建議。

此時，你將會開始思考**「我能夠將這個意見使用在哪一個部分？應該要如何修正，才能夠更靈活運用」**等。

也就是說，閱讀的重點並不在於這本書的內容是否適合自己，或者自己是否對內容表示認同，**重要的是：應該要從「如何才能物盡其用」的角度，去閱讀一本書。**

「多面向」能擴大視野

當我閱讀一本書時，我會**盡量選擇一本與自己個人觀點相反的書**。例如：我會選擇把「辭職離開公司」與「不要離開公司」兩種類型的書，當成套書來閱讀。

如果你只讀前者，很容易隨著書中論調而認為「原來如此，原來辭職比較好」；又或者，如果你只讀後者，將很難從其他角度來思考，而認為「果然選擇辭職對自己一點好處也沒有」。因此，同時閱讀兩種類型的書籍，才能激盪出屬於自己的思維模式。

當我在寫一本書時，我會選擇閱讀與自己要寫的主題，有著相反論述的書籍，因此這次我在寫關於「放棄比較好」的主題時，我也閱讀了好幾本「不要放棄」的書籍。對我而言，這是必要的功課。

像這樣**選擇閱讀與自己的觀點或想法完全相反的書籍，你會有驚人的發現。你會發現，能夠從書中獲得的啟發，會出乎意料地多。**

即使只有一項資訊，例如：消費者和供應商、男性和女性、成人和兒童、學生和社會人士、日本人和外國人、國民和從政者等，也能夠從各種不同角度去解讀、思考，而賦予這件事不一樣的意義。

就像每個人對於公司每個月發放的「薪資」，意義各有不同。有些人覺得是生活費，有些人覺得是公司給予員工辛苦工作的致謝禮，也有些人覺得是施捨，這些各式各樣的觀點全部因人而異。

從經營者的角度來看，有些人認為「薪資」是一筆人事支出，有些人認為是一種投資，也有些人認為是對員工的感謝之情等。

只要改變看事情的角度，那麼每個人不同的時代背景、年齡、性別、國籍等，就會像萬花筒般，你將會看見形形色色與眾不同的一面。換句話說，激發自己的想像力並改變看事情的角度，你就能夠培養出不同的視野。

考慮到這一點，我認為，**閱讀的確是一種很棒的自我投資。**

第4章

依附別人討喜歡，不如靠自己更自由

寫給不擅長人際關係而煩惱不已的人

放棄「依靠他人」，把決定權交給自己

POINT

- □ 同理對方的感受，並且養成習慣
- □ 自己面臨的所有問題都是自己的責任
- □ 先從自身做出改變與行動

當討論到令人煩躁的原因是什麼時，大概都會認為是「他人」所引起的吧，因為人們憤怒的矛頭，總是會先指向他人。

比如說，在公司時，人們經常會為以下這些事情感到煩躁。像是：「主管的不合理的要求」、「同事工作打混摸魚」、「下屬不聽話」、「任性妄為的客戶」等。

回到家後，也仍然有令人煩躁的事情，如：「另一半不幫忙做家事，也不幫忙照顧小孩」、「孩子不認真做家庭作業」等。

連在看電視的時候也會讓人煩躁，像是看到外遇的新聞時會說：「出軌的那些人真是太不像話了」，或者看到政治相關新聞時會質疑「政府到底在做什麼啊」等。

當然，還有許多瑣碎小事。像是：食物塞牙縫拿不出來、線頭穿不過針、電動遊戲打不贏最終大魔王、眼前不斷有小蒼蠅來回飛竄、隔壁鄰居的貓叫聲好吵、雨一直下不停、陰雨綿綿的天氣到底要持續到什麼時候等，這些都是自己很難去掌控的現象。

煩躁原因都在自己

難道會發生這些事，真的都是別人的錯嗎？事實並非如此，大多數的時候，**令人感到煩躁的原因都是在於「自己」**。

嚴格來說，人們會煩躁的主要原因，是**源自於其他人並沒有如自己預期般行動所導致**。

這裡的「如自己預期般」是一種習慣。我們總是在不知不覺間，腦海裡深深地刻劃了「對方應該採取這樣的行動」的印象，以及內心懷抱著「對方應該為我這樣做」的期待。而實際上，當這些情形並沒有真實發生時，也就因此令人感到煩躁不安。

我們為了自己的方便，擅自對另一個人擁有過高的期待。當然，其中或多或少會遇到「這種情形這麼做是理所當然吧」等符合社會常理的狀況，因此很自然地產生了期望心理。

然而，當這種期望過於強烈，或當情況不如預期發展之時，人們只能生氣憤怒或茫然不知所措。

我們會向對方尋求自我的「真理」與「正義」，並試圖實現，但這也帶來麻煩的開端。

最近的一個例子，應該是因為新冠肺炎疫情蔓延，而造成輿論熱議的「自肅警察*」與「口罩警察」的事件吧。

「店家必須自我約束營業時間」、「出門必須戴口罩」，卻還是出現「店家照常營業」或「有人不戴口罩」的狀況。因此，有些人自恃正義，在那些仍然照常營業的店家門口貼上「暫停營業、不要開店」的紙條，或打電話要求停業。而對於那些沒有戴口罩的人，則是口頭告誡「把口罩戴好」等，這些都是引發問題的爭端。

同理別人的感受

為了擺脫這種煩躁不安，**你應該要捨棄腦海裡「對方應該（必須）採取這樣的行動」的刻板印象，並且放棄改變他人。**

每一個人都是獨立個體，正因為每個人擁有不一樣的常識與價值觀，所以採取行動的準則也會有所不同。每個人對於「正義」的認知也不盡相同。另外，由於每個人感受事物的方式不同，面對事物的反應方式也不同，因此，其他人未必會遵照你的意願行事，這才是殘酷的事實。

我們要以「不能改變他人」為前提來處理所有事情。要能夠達到這種境界的方法之一，便是要**同理對方的感受，並且養成習慣。**

「那些人總是和自己採取不同的行動，或許另有苦衷吧！」

＊編註：為疫情下產生的新造語。泛指那些自恃正義要求他人或店家「自肅」的正義魔人。

「也許因為那個人有不一樣的想法，所以他才決定那麼做的吧！」

像這樣子嘗試去推測對方的處境和採取行動的準則，是非常重要的。

我曾經聽過一個故事。有三個孩子在地鐵車廂內嬉鬧追跑，發出擾人的噪音，不過那位看似是父親的男性卻始終低著頭，無視孩子們的喧鬧聲。這時，有位看不下去的女性乘客湊過去對那位男性小聲說道：「若不制止孩子們在公共場合吵鬧的話，會給大家帶來困擾。」

然後那個男人突然急速抬起頭說：「真是抱歉，我沒注意到孩子的狀況，我太太剛才在醫院往生了，因此現在心情相當混亂。」

女性乘客聽了這番話後，頓時啞口無言，當下這位女性乘客對他們的印象便從「不負責任的父親與自私的孩子」，轉變成「尚未接受喪妻事實且感到茫然失措的丈夫，與年幼未能理解媽媽已經不在人世間的可憐孩子們」了。

擅自用自己的道德觀念判斷眼前的狀況，並且對他人說三道四，這是多麼愚蠢的行為。我想各位應該可以從這個故事中，體悟出其中道理。

對自己負責的意識

另一種方式是**放棄對社會平等和公平的期望，並且領悟到：自己面臨的所有問題，都是自己的責任**。

當你遇到困擾時，期待有人會對自己伸出援手，或者只一味責怪他人的話，你就不會試想出最壞的情況，也不會為此做好準備。

但是，如果你強烈意識到這是自己的責任，你將會努力做好萬全準備，面對即將來臨的問題也不依賴任何人。

一提及「自我責任」這個詞，有些人會曲解成「若拒絕與他人互相幫助和合作，整個社會將充滿殺氣」，或「只要自己做好就好」等相當極端的意思。但這並不是要你冷漠地排斥他人，或拒絕與他人合作。

「互相幫助」不等同於「互相依靠」或「互相安慰」，首先你必須要能站穩腳步。如果你先倒下，又怎麼能夠幫助那些也倒下的人呢？

這裡所提到的自我責任意識，是指「對自己的生活方式負責」，對象並非是整個社會，而是自己。

換句話說，這意味著**用自己的頭腦思考、為自己做決定，並且接受隨之而來的結果**，這才是一種令人信服的生活方式。

有了這樣的自我責任意識，你就能夠預測多種可能發生的未來，還能在各種物理性或心理性的狀況，從出乎意料轉變成意料之中，並且養成總是能為最壞的情況，做好應對準備的生活習慣。

說起來，人們完全處在一個不平等、不公平、不合理的世界。舉例來說，在世界各地角落，有因出生在內戰頻傳的國家而成為難民的人、有人權受到共產主義政權侵害，且被剝奪信仰自由與行動自由的人，還有那些不能上學、不能去醫院，甚至連護照都沒有的人。

即使是在和平的日本，也有可能會遇到被剝奪工作，或是身體健康受到危害的情形。就像新型冠狀病毒肺炎疫情的持續擴散，每個人都可能受到即將來臨的災難，或不合理的天災嚴重打擊。

這種時候，難道你只會怨天尤人卻毫無作為，將自己置身其外嗎？或是你會想要挺身而出，為社會做些什麼事呢？

依靠他人很不可靠

假設因為颱風或豪大雨導致河川氾濫，或者遇到大地震，讓你的房屋受到多處損壞。而這時，你會雙手一攤就此放棄嗎？

以我的經驗來說，當在建造房屋時，透過土地勘查，我了解到這塊土地地質脆弱的部分在哪裡，因此從房屋設計初期開始，我便請工匠師傅們增加房屋厚樁的數量，並將厚樁堅實地打入地基當中。雖然花費了一筆為數不小的費用，但這些都是為了因應當首都圈直下型地震來臨時，所做的準備。

另外，由於這塊土地附近有河流經過，所以我也研究了一下災害圖，並且從圖中得知，當流經鄰近地區的河流遇洪水氾濫時，很有可能會導致周圍區域淹水。因此，我在住宅火災保險部分，亦選擇了能夠涵蓋更為全面性的保險項目，包括水災洪害賠償等，在家庭財產相關保險部分，同樣也付出了一筆相當可觀的金額。

而在災害應變措施方面，地方政府在河川流域附近設置了攝影機，民眾可以從即時影像中確認河川流量，如果判斷目前河流狀態為危險的話，則可以自行安排前往附近飯店或旅館避難。假設一年會住到五次，以一晚一萬日幣來計算，最多也只要五萬日圓。

但是，如果太過依賴當地政府的避難疏散指引，而耽誤到逃難的話，誰要來承擔這個攸關人命的責任呢？人死了，就什麼也沒有了。所以，這就是為什麼我在不過分依賴他人的情況下，想要努力保護自己和家人的安全所做的決定。

雖然人們無法避免災難的發生，但是你可以在自己能夠掌控的範圍內，先做好萬全準備，避免家園遭受過度損害，以及如果真的遇到無可避免的災難來臨時，能夠確實妥善應對每一次的天災。

而對於這波來勢洶洶的新型冠狀病毒肺炎的疫情也是一樣的道理。我在二〇二〇年一月二十日時，發現了這個病毒正在傳播擴散的事實，隔天我便在推特上貼了一篇留言寫道：「由於春節連假即將來臨，中國人把握假期至各地旅行，將會促使疫情快速擴散，請留意避免前往人多的地方」，並且自發性地開始了隔離生活。

雖然當時的WHO（世界衛生組織）說：「沒有發生人傳人的情況。」但我覺得這種認知太過於天真了。

我提前儲備了預計會大缺貨的衛生紙和口罩，所以我不必擔心買不到。這是因為我在東日本大地震時，也曾經歷過這樣的事情。因此這些物資可能會缺乏，都在我預想範圍之內。

我也猜測到收入可能會減少，因此事先確保了另一個收入來源。透過投資太陽能發電，我購買了更多的太陽能發電廠，利用出售太陽能的利潤來彌補收入減少的部分。

雖然我們無法控制因新型冠狀病毒所造成的廣大影響，如：整個社會彌漫著自主管理、處處約束的氣氛。但身在其中的我們，要怎麼做才能夠更安心舒適地過著我們想要的生活，我想這是我們可以掌控的部分。

別把決定權交出去

如果今天發生一件事情，其責任不在自己身上的話，那麼究竟是誰的責任呢？而對方會為我做些什麼事嗎？我想應該什麼事都不會幫忙吧。

例如：當國民年金越來越少，少到難以支應你的老年生活時，你是否會怨聲載道怒罵「都是政府的錯」呢？但是，這麼做就能夠增加你的國民年金嗎？很顯然地，年金並不會因此而有所增加。

在超人氣漫畫《鬼滅之刃》中有一個名場景，是主角竈門炭治郎下跪磕頭，拚命懇求鬼殺隊的「水柱」富岡義勇手下留情的畫面。當時富岡義勇對炭治郎說：「千萬不要讓別人掌握你的生殺大權！」換句話說，**「不要把自己人生的決定都交到別人手上」**。

在現今的日本社會，我們不需要想得那麼多，甚至不用事事自己決定就能夠生存。

這就好像學生在參加入學考試時，家長、學校老師、補習班老師，都會給學生「你的成績應該可以上某某學校」的建議一樣。

踏入職場之後也是，無論從事哪一種工作，都是由主管決定並交辦給下屬，而升遷、部門異動、人事調動等，則是公司會做出決定。只要往返於家裡和公司之間，就不用煩惱領不到每月的薪資，默默這樣工作幾十年也不成問題。

不過，如果遇到公司破產或者被告知資遣時，又該怎麼辦呢？這次新型冠狀病毒肺炎的疫情難以控制，媒體就藉此渲染大眾的擔心與不安，導致社會彌漫在一股士氣低迷的氛圍中。許多人開始減少外出用餐和旅行，也使得與此息息相關的經濟活動停滯不前。

雖然我覺得這有一點反應過度了，因為實際上死於流行性感冒和普通肺炎的人數，比新型冠狀病毒肺炎來得更多。但是新型冠狀病毒疫情的影響，使得各企業的業績大幅滑落、獎金或薪資減少、提前退休、資遣、裁員、停止招募員工、企業倒閉、破產等，著實加速了各式企業經營面的惡化情形。

這當然不是個人的責任，但如果把過錯全部都推給新冠病毒或是執政政府，也不會讓事態有所好轉。

抱怨無法解決問題

要把過錯推給社會或世人很簡單，但這麼做等同於停止思考。這是因為你將完全不會去思考「自己應該如何做」。

「都是社會的錯」或「必須要改變社會」等，這些都是完全沒在思考的人的推託之詞。

即使社會環境真的有過失，但如果你想不出具體的解決辦法或可以用來衡量效果的對策，那麼這就意味著，你定義原因的層面太過粗淺，而且把問題設定得過於粗糙草率。

停止思考，只會讓你距離解決問題的目標越來越遙遠。如果你僅僅只是強調「這樣子很奇怪」的話，就跟朝河裡丟石頭是一樣的道理，這種行為並不會改變河水流動的方向。

同樣地，因為我們覺得「世界應該是平等的」，因此會在意彼此之間的差異，甚至為此動怒。其他像是經濟差距、城鄉教育差距、醫療差距、世代差異等，人們對於這些議題所產生的不滿情緒正在蔓延。

那麼，無論經過多久的時間，你也仍然無法實現「屬於你自己的獨特生活方式」，並且將永遠處於被某人左右、沒有自己主軸的人生。

所以，不要把過錯推給特定的人事物。首先你該做的，就是由自身開始改變與行動。

我認為，**為了要擁有令人信服的人生，必須要以「這個世間的一切，本來就是充滿著不合理」為前提，加強對自我責任的意識感，這件事情極為重要。**

只顧著抱怨那些不合理的事情並不能夠改變現狀，不如大方接受這些不合理，你就能夠專注於你能夠做到，和應該要做的事情上。如此一來，心裡那份不公平、不平等的感覺，就會逐漸消失。

在面對新型冠狀病毒肺炎的問題也是，只要你認為出現這種情況是不可避免，並且放棄指責他人或把過錯推給別人，那麼你將會意識到要去思考「自己應該如何做」，然後想辦法去面對。

放棄「擴展人脈」，花若盛開蝴蝶自來

POINT

☐ 朋友不多或即使沒有朋友也能夠獲得「自由」
☐ 只有當你獨自一人時，才能夠真正面對自己
☐ 首先，專注於成為一個「對他人有用的人」

在小學與國中時期，僅僅是因為剛好一群人在同一年度出生，所以一起放進稱為「學校」的封閉場所內，在那裡度過一整天的時光。

對於那個年紀的孩子來說，學校就是他們的全部，並不能輕易地將其置之度外。也正因為如此，孩子們在這個階段無法靠自己的力量去改變就讀的學校、自己生長的家庭，或是想要的人際關係，所以身處在其中的學生，就必須要建立良好的人際關係，以便在校園中生存。

到了青春期後，每個人都會有無法對父母或老師說出口的煩惱和祕密。因此，在這個多愁善感的年紀，有個可以分享內心感受

的朋友，對於良好的情緒發展來說，是非常重要的。

另外，在學校建立良好的人際關係，也是一種能夠在未來社會順利闖蕩的證明。因此，父母親經常會詢問孩子：「你有交到朋友嗎？」家長們總是擔心孩子獨來獨往。

然而，當孩子長大成人後，會出現很多的選擇，可以自己決定居住的地方、任職的公司，以及想要的人際關係。

不過，即使我們長大成人，仍然會受到過往的價值觀所影響。例如：很多人還是會有「朋友越多越好」和「有幾個知心的朋友比較好」的觀念。

犧牲自己換友誼，值得？

在這裡，我可以很肯定地跟各位說：「**擁有朋友或知心朋友很好，但即使沒有也無妨。**」

各位應該可以理解，我並不是指「不需要朋友」或者「不要交知心朋友」這種極端的意思。

我不是要否認朋友或知心朋友的存在，而是要告訴各位：**請不要為了勉強自己去交朋友，而犧牲了自己真實的內心想法。或擔心沒有知心好友，就會失去了身為「人」的資格，甚至過得很不愉快也要維持跟他人的友誼關係等，這些都是沒有必要的行為。**

你完全不需要因為沒有朋友或沒有知心朋友，而感到難過或自卑。

朋友過多的代價

如果你按照自己的方式自然過生活，但沒有交到朋友或知心好友，那就意味著，你正處於最舒適的環境，說不定你會很喜歡這種狀態。

說起來，為了要建立和維持與他人的良好關係，必須要付出相應的努力與關心，從某種意義上來說，這也是一種必須奉獻自己的時間（亦即人生的一部分）的行為。

換句話說，**「擁有很多朋友」意味著，你減少了屬於自己和為自己付出的時間。**這也代表，對於那些相當熱衷於某些事物的人們而言，從時間分配的效率角度來看，他們應該不太希望和自己沒有太大關係的人，進行互動或交流吧。

例如：正專心準備入學考試的學生們、正以全國大賽為目標努力練習的人們，或者自行創業不久，正忙於各種推廣和行銷活動的人們等，他們或許並不會花費太多時間在與他人搭建友誼的橋樑上。

此外，對內在世界感興趣的人們，或是追求個人獨創性的藝術家及創作者等，他們比其他人更適合獨處、更享受一個人的時光。這是因為他們必須要擁有自己的時間，一段切斷來自於外界的各種刺激，以便能夠好好地靜下心來思考的時間。

其他像是漫畫家、作曲家、畫家、小說家，基本上他們也是單獨工作者。許多專業職人和工匠常常都是自己一個人默默地完成作品或商品。因此，他們並沒有太多閒暇的時間與別人相處。

你想建立什麼關係

讓我們換個立場來說，「朋友的好處」是什麼呢？

◆**可以商量事情？**

這樣的朋友是否具備足夠的專業知識，以解決你個人的煩惱或問題呢？就像當我們遇到法律問題時，會請教律師；遇到稅務問題時，會請教會計師，並且支付相應的金額尋求專家們的協助。只是大多數的情況，這些專家應該都不會是日常生活中，與我們有密切交流、經常往來的朋友吧。假設你的確擁有一些專家學者朋友，但**如果你總是希望對方提供免費的諮詢服務，我想總有一天，這些朋友們都會離你而去**。

◆**可以當成說話對象？聽我抱怨、吐苦水？**

不過，如果那位朋友無法消化自己的不滿情緒或壓力，你應該可以合理懷疑，他的內心可能沒有隨著時間而成長。

所謂內心的成長，是指藉由各種不同的經歷，讓自己的內心能夠接納並理解各種狀況，甚至也包含伴隨這些經歷而來的所有情緒等，你可以好好地整合歸納，把這些經驗轉換為未來的人生課題。

換句話說，**那些沒有向別人傾訴心聲就無法豁然開朗的人，或者那些找不到人說話就寂寞不安的人，這意味著他們的內心都尚未發展成熟**。越是成熟的大人，越不需要那些只能抱怨、發牢騷的朋友。

◆可以互相切磋琢磨以求精進？

既然是可以一起互相切磋琢磨的夥伴，那麼或許是比較接近同事或同行的人物，而不是朋友（當然現實生活中，感情很好的兩個人，也有可能會是商場上的敵人……）。

我是一名從事寫作事業的作家，認識很多同為作家的朋友，但即使聽到他們之中的某人書賣得特別好或特別暢銷時，也絲毫不會影響到我的寫作動機。我只希望能淡泊不求名利地持續寫作，創作出滿意的作品。

◆可以互相幫助？

要互相幫助什麼呢？當遇到困難時，能夠借到錢嗎？可以幫忙介紹工作嗎？

可以借住家裡嗎？吃飯可以請客嗎？一般來說，應該不會出現這麼多以自我為中心、厚臉皮的請求吧。這種要求回報的關係，真的能稱得上是朋友嗎？

雖然我的朋友不多，但至今仍然會與一些高中同學和過去的同事保持聯絡，即便有時會產生想要幫助他們的想法，但卻完全沒有想讓他們幫助我的念頭。

正因為他們是我的朋友，所以即使生活遇到困境，我也不向他們借錢，更不會尋求他們的幫助。這是因為他們對我來說，是非常重要的人，我不想造成他們的負擔。

當然，這只是我單方面的想法。不過我認為，**朋友之間的關係，應該是自己主動幫忙且不要求回報，除非對方願意，否則不過度干涉對方。像這樣子雙方可維持在一種輕鬆和諧的互助關係，才是真正的朋友吧。**

一個人的自由自在

各位**必須要意識到「對方與家人和客戶有所不同，他們對你而言，是相當重要的人」**。你不需要去套用世間任何關於朋友或好朋友的定義，只需要留意他是不是你所重視的人，這樣就可以了。

即使現實生活中，並不存在你所重視的人也請不用擔心。這應該不會對工作或日常生活造成任何影響。

你不需要被這些刻板印象綁架，如：「朋友很重要」、「朋友越多越好」、「沒有朋友的人，可能在做人處事方面有問題」等。

內心尚未成熟的人會認為「沒有朋友很寂寞」，所以我想這樣的人，應該要多多學習在獨處的時間裡和自己對話，並且把精力投入到專注鍛鍊心靈層面這件事情上。

朋友不多或沒有朋友也是有好處的，那就是能夠**「享受自由」**。有些國高中生在放學後，總是會拿著手機或電腦不放，一直沉浸在網路世界裡。這些原本應該是帶給人們方便的工具，現在反而給人一種被制約的感覺。

有些人無法單獨行動，一定要有人陪同；有些人不喜歡被認為是孤單寂寞的人，所以不想被其他人看見單獨一人的模樣。還有那種，一個人就不會去完全沒踏入過的商店、沒有朋友同行的話，不會參加觀光旅遊團等，這些都是屬於不自由的一種。

然而，正因為朋友不多或者沒有朋友的關係，**你在社群網站上花費的時間就會減少許多**。你不會因為別人對你的 LINE 訊息已讀不回而感到焦慮不安，也不會對「必須要回覆訊息」這件事，產生無形的壓力。

你不需要和朋友相約聚會，所以你的時間自由又有彈性，也不會因為等待朋友過久而坐立難安。若是自己一個人的話，無論是用餐或是旅行，都不需要再勉強自己配合對方，你是完完全全的自由個體。

雖然確實也有「因為大家聚在一起，所以很開心」的情況，不過這必須要配合當下團體的對話內容和氣氛。一定也有人會認為「一個人還比較輕鬆自在」吧。

以我個人而言，我從來沒有想過要在勉強自己的狀況下，去參與任何一場聚會，我抱持著「一年大概幾次就好」這樣的輕鬆感覺，偶爾參加一下同學會或交流會，僅此而已。

給人越多，給自己越少

透過自己的眼睛所描繪出來的外界輪廓，亦即自己眼中的世界觀，它是根據你在孤獨的環境中，獨自深思構築出來的。

另外，人類成長的原因，並不是來自與他人的互動，而是**汲取那些與他人互動而來的刺激感至自身內部，接著將其與自己的信念或價值觀相互碰撞，激盪出新的火花，以學習選擇更適切的言行舉止，因而主動地改變自己並獲得成長。**

換句話說，這並不意味著只是單純地與他人互動就能夠有所成長。在這個社會上，還是有很多人雖然擁有大量與他人互動的經驗，內心卻依舊不成熟。

那些擁有眾多朋友的人們，之所以給人膚淺的印象，或許是因為他們只有單純接受來自外界的刺激，卻沒有時間將那些刺激與自身價值觀結合，碰撞出新的火花。

這可以套用到所有事物上面，並不是每一個人都有「開心」、「無聊」、「快樂」、「不快樂」等的狀態。

例如：同樣出生在日本的日本人之中，有些人認為「未來是黑暗的」，也有些人認為「未來是光明的」，會出現這種完全相反的解釋，代表了每個人對於那樣的狀態，取決於自己要如何去接受，因而產生不一樣的認知。

如果你想把它變成一種快樂的接受方式，那麼就必須有積極看待事物的另一面認知。

為了達成這樣的目的，**你必須要學會培養「從另一個角度，看清事情原貌的自己」**。

如果你可以做到坦率地傾聽自己內心的聲音，那麼無論你遇到多麼困惑的事情，你也能夠根據自己的想法直覺式地做出決定。

同時，**透過回顧與觀察過往的事件和經驗，將它視為自己的人生履歷表，細細地去整理歸納的話，你將能夠對於身邊周遭的事物，做出某種程度的預測**。這就表示你能夠做到「事情掌控在自己的預期範圍內」。

有了這樣不斷累積的經驗之後，對於未來計畫要做的事情，你就可以事先想像可能會遇到什麼樣的情況，並且該如何採取妥善的應對措施，這也能夠幫助自己的內心帶來一種舒適和穩定的感覺。

當你花越多的時間和別人在一起，你勢必會減少相應的時間來正視自身的狀況。正因為是獨自一個人，所以才能夠真正面對自己。

那些能力優秀的人，總是給人一種冷靜行事的感覺，這是因為他們經常在不知不覺中，重複進行著那些不外顯於表面的內在功夫。由於他們可以立即整理好頭緒，並且理解事情發生的來龍去脈，不會因為眼前的每一個突發狀況而顯得沮喪失落或倉皇不安，也不會輕易產生情緒上的起伏與波動。

簡而言之，**你必須留給自己獨自一個人的「自我省思」時間。**

對他人有用的自己

我認為，沒有必要刻意建立或拓展人脈。說起來，**我對於「人脈」一詞的印象，是當事人只考慮到自己的方便，「想要特意去接近對自己有幫助的人」。**

當然，或許對方也有一樣的想法。我認為對方會接近自己，也是因為自己在某方面能夠幫助他。

例如：你會接近對方，或許是可以獲得一個工作機會，或是可以從中獲利等。應該沒有人會特別花費精力，去和那些看似對自己沒有好處的人搭話吧。

這一點可以直接套用到建立人脈這件事情上。假使你是一個對對方有幫助的人，那麼即使不汲汲營營努力創造人脈，其他人也會主動靠近。

相反地，**如果你不能為對方帶來好處的話，對方完全不會想要靠近你，即使你想要跟對方做朋友，也只會得到對方敬而遠之、保持距離的冷處理態度。**

在我剛創業的時候，我曾經以建立人脈的名義參加了企業經營者們的學習會和交流會，但是那些當初在會場內認識，至今仍然保持聯絡的人實在是少之又少。如果要說雙方曾經在工作上有合作經驗，並獲得具體成果的人，那又更是寥寥可數了。

假如雙方都無法找到彼此的優點，那也不會想要增加相互交流的時間，也沒有額外的動力去進行交流，因此雙方關係將會變得疏遠。

不過，若是因為工作需要，我會主動向對方聯絡，而對方也因為能夠獲得利益報酬，立即就給予善意回應。當然，如果這份工作的內容對雙方都有利，並且都願意長時間持續合作的話，彼此之間的合作關係，將會變得越來越深厚。

一旦你與對方建立起關係，就不需要大費周章的刻意維持。換句話說，即使沒有拚命去建立與拓展人脈，也會在必要的時候，遇到需要的人。因此，平常沒有必要時，也不用特意安排見面。最重要的是，**應該要將焦點放在「成為對他人有用的自己」才是**。這是我從自身的實際經驗當中，所學到的教訓。

放棄「討人歡心」，開始只在乎對的人

POINT

- □ 人類的價值並非取決於是否受到異性歡迎
- □ 只要有一個人喜歡就可以了
- □ 注重對象的外在條件是因為想要依賴對方

有些人會哀怨地說：「我很想受異性歡迎，但是卻無法如願」。我建議這樣的人不妨先想一想，「自己想要吸引什麼類型的人」和「受歡迎之後，你想得到什麼？」等問題。

如果是十幾歲的年輕人，我想大部分並沒有什麼特別的目的，學生時代想要受人喜歡，主要是「想要受到大家的歡迎、想要被人阿諛奉承」而已。

例如：如果是男生的話，會積極參加社團活動成為明日之星，讓大家看到他就很興奮；如果是女生的話，會被推薦參加校慶的校園美女選拔比賽活動。

的確，受到大家歡迎著實令人羨慕，對當事人而言，能夠被大眾捧在手心，一定也很開心。想要受到異性的喜歡，意味著將能夠得到更多繁衍後代的機會。因此，這應該是人類的本能之一，是一種想要留下後代子孫的自然渴望吧。

受人歡迎，重要嗎？

不過，當你踏入社會工作後，如果仍懷抱著這樣的渴望，那麼應該要合理懷疑，自己內在成長的速度比別人落後許多，且呈現遲緩的現象。因為不認同自己，所以想要尋求他人的認同。這種尚未成熟的心理狀態，總是會以「我想要受歡迎」的想法展現出來。

換句話說，「想要受到異性歡迎」的心理，是來自於沒有完成某事，且沒有產生令人信服結果的經驗，以及缺乏從各種不同面向自我評價。

雖然每個人的成長狀況因人而異，但是一般來說，過了二十歲之後，這種令人糾結的自尊需求渴望，將會隨著時間而減弱。

由於人類是一種社會性生物，所以我們可以理解**「受到異性歡迎」，只不過是為數眾多的評估面向當中的其中一個，並不能夠單憑此項決定人類的價值。**

當人們透過充分的實際經驗，如：「成功通過各項入學考試窄門」、「籌辦各種社團活動讓大家玩得開心」、「圓滿達成每項專案計畫的設定目標」等，漸漸地會了解到，「想要受到異性歡迎」已不再那麼重要。

過了二十五歲之後，則開始看重「想要受到誰的歡迎」與「受歡迎的目的是什麼」等課題。這是因為到了這階段，不能像學生時代一樣隨心所欲、自由自在地打發時間，必須要更善於運用時間，做好時間管理，把自己僅有的時間分配在工作、職涯發展、人生規劃，以及其他許許多多必須要花費時間去做的事情。

異性緣的危機

再來，我們來談談關於大人的戀愛。一般人如果有穩定的交往對象，應該會預想未來結婚的景況吧。

當正值適婚年齡的男男女女，如果處於一段只是拖拖拉拉、看不到盡頭的關係的話，那麼就僅僅是在浪費雙方的時間而已。對另一方來說，也是一種不負責任的行為（雖然現實中的確有這種人存在……）。

從這個角度來看，是否受到異性歡迎，就顯得不再那麼重要，甚至根本也不再是個煩惱。

此外，太受歡迎反而容易導致劈腿或外遇。當然，戀愛本身是自由的，有過與不同異性交往的經驗是一件開心事，也是一種累積做人處事經驗的好機會。

不過，若婚後仍然受到許多異性歡迎的話，只是徒增風險發生的可能性。雖然這種轉瞬即逝的快樂固然美好，但當事情東窗事發後，所要付出的代價實在是太大了，如果你有經過理性地思考，應該會發現這並不是一件值得冒險的事。

換句話說，除了某些例外狀況，現實生活中，你只能一次和一個人交往，也只能一次和一個人結婚。長大成人之後，同時間受到多數人的喜歡，是沒有意義的事。因此，「只要有一個人喜歡就可以」是最安穩的生活方式。

改變，遇見對的人

你身邊可能有喜歡嚷嚷著說：「我遇不到對的人啊！」的朋友，但大多數的人雖然嘴上這樣說，實際付出的行動卻完全不夠。

一邊感嘆著「自己緣分還沒到、遇不到對的人」，一邊卻在下班之後直奔家門，鮮少參與社交活動，而週末放假時間也總是喜歡窩在房間裡，瀏覽各大社群媒體的文章或影片。這種情形應該可以說是**並非「遇不到對的人」，而是「根本不想遇到人」**才對吧。

在這種情況下，你必須要請廣大的親朋好友幫你介紹對象，或使用交友軟體，甚至加入婚姻介紹所成為會員等，才有可能遇到其他人。

如果你認為這些方式很麻煩或討厭的話，意味著這件事對你來說並沒有那麼急迫。不然的話，你別無選擇，只能放棄想要受人喜歡這件事了。

用以下的例子來思考可能容易得多。假設眼前有一個孩子說：「我想要學會騎腳踏車」，但是他卻從來不想坐上腳踏車。這時，你覺得應該要如何提供建議給這樣的孩子呢？

有些人會這麼說：「我不喜歡聯誼活動或相親活動中，所散發出來的勢在必得的感覺，太詭異了，我還是想要以自然的方式見面，我覺得從朋友開始發展的關係，是最為理想的情況。」

不過，這些人也必須認知到「就是這樣才遇不到其他人」的事實。他們覺得那些以尋找男女朋友或結婚對象為目標的會面，其目的性太過於強烈，所以抗拒這類型的活動。他們也認為從朋友開始自然發展的關係比較實際，在自己的內心裡，對於戀愛或婚姻已經有一張描繪好的理想藍圖，對這部分相當堅持。

就是因為這種莫名的堅持，造就了目前仍未出現心目中的「理想邂逅」，甚至也沒有任何人喜歡……會落得這樣的結果，他們勢必得對自己進行徹底分析才可以。

像是棒球選手，當球棒未能擊中球時，他們會改變擊球的方式。如果完全不改變又想要擊中球，這就只是一種輕率、不負責任的要求而已。

不去參加聯誼活動或相親活動也是一樣的道理。**正因為到目前為止所採取的方式皆不管用，所以必須要改變遇見人的方式，除此之外別無他法。**

「平凡生活」的詛咒

如果你認為自己「只是希望和一個普通人交往，並沒有設定太多高標準，但就是遇不到適合的人」，那麼就**必須要懷疑，是否有「自己認為的『普通』，其實是高不可攀的奢望，但卻不自覺」的可能性**。

如果是女性，可能會希望理想對象擁有身高一七〇公分以上、年薪六百萬日圓以上、年齡最多只能比自己大五歲等條件；如果是男性，可能會希望理想對象擁有長相可愛、身材姣好等條件。

因為雙方內心都存在著這些想法，假如對方沒有達到自己心目中的標準，那眼裡所見的，就盡是缺點。**如：外表不優、年齡不符、年薪不夠等，並就個別項目一一扣分。**

這將導致人們陷入無限抱怨「明明自己沒有不好，但就是遇不到好男人（女人）」的迴圈之中。

對女性來說更是如此。由於女性很容易把重點放在對方的職業和年薪上，但**若是跳過戀愛過程只考慮結婚，僅注重外在條件來選擇未來伴侶的話，就必須承受相對而來的風險。**

首先，各位必須要認知到一件事，亦即在漫長的婚姻生活中，職業與年收入並非恆常不變之物，未來你很有可能會遇到職務調動、轉換跑道、升遷、人事異動、資遣裁員、企業併購等狀況。

如果你對這種變化缺乏想像力，可以想見最後的結果是——你哭喪著臉，嘴裡勉強擠出一句：「不應該是這樣子的啊！」

若你想要根據職業或年收入來挑選對象的話，很有可能會因此產生依賴性。換句話說，**在你內心某處，是透過一種被動的關連性做出選擇，如：「這個人是否有助於我」、「這個人是否能給我幸福」，或「這個人的經濟能力是否能夠豐富我的生活」**等。

像這樣子越是依賴對方，就會越在意對方的各項條件，如：職業、年收入、是否與雙親同住等。當結婚之後的生活偏離了以上這些條件，那麼將會很容易變得不快樂，正是其中一種可預料到的結果。

舉例來說，假設你因為另一半在知名大企業裡服務，且年收入相當優渥，因而決定結婚。那麼，當你的另一半提出想要換工作或創業的想法，但這麼做卻有可能導致收入大幅減少一半以上，甚至暫時歸零時，你會怎麼辦呢？

如果遇到這種情況，那麼你當初決定要與對方結婚的理由將不復存在，因此，你只能堅決反對。如此一來，對彼此都會招致不幸的結果。

在這種情況下，倒不如成為對方的力量，在背後支持他、用力推他一把。可以說：「只要是你想做的事，我都會為你加油」、「我可以去賺錢」等。

無論是創業者、經營者、自營業者，或採取完全佣金制度的業務員等，這類型的職業理所當然收入會時時變動，也極有可能會受到大環境的影響，導致公司倒閉或破產。

此時，你是否有「一起努力跨越難關吧，我也會幫忙」的覺悟？是否做好和另一半共同擺脫貧窮的準備呢？

另外，不管對方多麼富有、年收入多麼驚人，他是不是願意讓他的另一半使用鉅額的錢財，那又是另外一回事了。

或者也有可能是，實際上對方是個超級吝嗇的人，不讓別人自由使用他的錢財。也有可能完全相反，雖然對方是富翁，但太過於鋪張浪費的花錢方式，導致幾乎沒有任何儲蓄，這些都是有可能發生的狀況。

戀愛時，充滿了心動、小鹿亂撞的感覺，但婚姻則是柴米油鹽不離手。在婚姻這段漫長的歲月中，需要夫妻雙方共同為生活而努力。有時候需要夫妻互相分擔家事和照顧孩子，有時候生病了互相照顧、關心雙方父母親，以及年老後照應彼此生活等。

情侶約會的時候，總是表現出最好的一面，對彼此的行為極度包容，然而結婚之後，任何平凡的日常生活都將轉變為殘酷的現實面，包括最基本的家庭經濟狀況。

站在對方的角度去看待事物，並且事先確認對方的價值觀，應該是更為重要的事。

第5章

爭一時不如
爭一世的自在努力

寫給苦命努力與盲目追求眼前利益的人

放棄「追求財富」，個人成長更有價值

POINT

- □ 根據自身狀況定義實現幸福所需的情況與環境
- □ 將能夠填補理想與現實差距的方式條列出來
- □ 最大的收穫是感受到自我成長而不是金錢

「我想要成功！」這幾乎是每一個人的願望，我也不例外。然而，**以獲得他人所定義的成功為目標，想要被人稱讚，追求外在虛榮並逞強自己能力所不及之事，這些在在都是令人精疲力竭的主要原因。**

舉例來說，在第二章中提到的「閃亮亮的創業女子」給人們的印象是「這種生活方式才是完美的吧？非常了不起吧？很令人羨慕吧？」等，有一種被媒體炒作、過分抬舉的感覺。

即使沒有被別人強迫，也是有些人會表現出「由某人定義的成功樣貌」，並且擅自提高難度門檻，以尋求更高更遠的目標。

然而，在現實生活中，有些人會怨嘆自

已無法達到那樣的目標而沮喪，又或者有些人會刻意在社群網站貼文，強調自己過得很滿足「我的生活閃閃發光，好充實啊」，他們其中有不少人都陷入了一種過度吹捧自己的「自導自演的疲勞劇場」之中。

更令人感到惋惜的是，他們受到昂貴的自我啟發研討會，或誘人的網路廣告所吸引，浪費了許多寶貴的時間與金錢。

當然，其中一定有某些人真的藉此改變了人生，因此我們不能全盤否定。如同我在第三章所提及，我也閱讀了許多不同觀點的書籍並且融會貫通。

追求外在虛榮的困局

然而，各位仍然必須要冷靜地回想這些問題：「對自己而言，究竟那些由別人所定義的成功樣貌中，是否存在著我必須追求的價值呢？」以及「這樣是不是容易以刻板印象為目標，並且隨之起舞呢？」等。

要做到這一點，**首先我們必須要深入探討「什麼樣的生活方式或存在方式，能夠讓自己快樂」的基本欲望，並且根據自身狀況來定義實現這個欲望所需的條**

件與環境。

接下來，**分析出理想與現實的差距，並且以能夠填補此差距為目標，把自己應該要做的事情和應該要克服的事情，用條列式的方式填入待辦清單。**

只不過，若是沒有累積一定程度的人生經歷或職場經驗，這項任務將會變得很困難。

以我個人而言，當我發現自己的基本欲望時，我已邁入不惑之年，所以當時經歷了一段相當迷惘困惑的時期。不過，假設一個人的生命為九十年，當時四十歲的我，連生命一半的轉折點都還沒到，若想改變的話，完全不會太遲。因此，沒有必要感到焦慮難安，重要的是，始終對自己內心的聲音（真心）保持敏銳度，並且不斷地與自己對話、自問自答。

擁有了財富，然後呢？

在這章節，我想要分享「什麼是成功？」以及「為什麼我想成功？」

回歸初衷，成功的定義是什麼呢？這個答案或許因人而異，大部分的人應該會聯想到「經濟方面的成功」吧。

這意味著收入增加，成為所謂的「有錢人」。這也與我三十歲創業時，給自己所設立的目標完全相符。

而現在，即使沒有獲得天大的成功，但也沒有淪落到，因為沒有錢而放棄事業的地步。

我每天的工作時間（寫書、演講活動、準備讀書會等）大約在二～三個小時左右。大部分的作業透過一台電腦連上網路便能夠完成，因此我隨時隨地都可以工作。這也讓我得以從諸多的限制當中解脫，重新獲得了自由。

然而，當我超過四十五歲之後，內心的感受產生了一些變化。我問我自己，當我成為有錢人之後，要做什麼？我要買自己的房子、買豪華房車、買名牌服飾；我要到高級知名餐廳品嚐美味料理、我要送孩子出國留學……一個接一個的夢想越來越龐大。

的確有錢比較好，不過我也會接著想：「然後呢？」一旦擁有了所有需要的東西後，勢必會大幅降低我對物質的欲望，甚至沒有欲望。因為我不在乎其他人怎麼想，所以沒有必要打腫臉充胖子或追求外在的虛榮，我對於名牌商品也完全不感興趣。

雖然說我想品嚐美味料理，但是如果每天吃的話，一定會很膩；雖然孩子們的教育費用不是一筆小數目，但是如果孩子本人沒有幹勁的話，花再多金錢也是沒有意義。假如我擁有一大筆一生享用不盡的財富，應該會煩惱該如何運用這筆錢吧。

比金錢更重要的事

因此，對於現在的我來說，已經把成功的重點轉移到**「擁有更多的時間讓心靈獲得滿足與充實」**。

在工作方面，閱讀我的書籍和專欄的讀者們，都給予了正面回饋，如：「作者的內容讓我獲得勇氣」或「閱讀文章後，我改變了自己過往的人生觀」等。或是當我看到那些參與我創辦的創業者培育事業的學員們，所表現出來的優異成績時，我就感到非常地充實與滿足。此外，在私生活方面，我也為孩子們的成長感到高興。

我想要跟各位表達的是，我意識到**金錢其實只是一種手段，在獲得經濟方面的成功之後，你還能獲得什麼樣的情感滿足，那才是更重要的事情**。

對我來說，能讓我感到極度滿意的事情，是**在取得經濟方面的成功過程，自己所學習到且內化的各種能力**。

金錢只是一種透過自己的努力和才智所得到的結果。而在得到結果的這段過程之中，所產生的問題解決能力、想像力與談判能力，將能夠加強自己的自信心，也會加速自我肯定感與自尊心的成長。比起收入或存款金額，能感受到自我成長，才是最重大的成就。

歸咎別人，離成功更遠

當然，我並不是否定追求經濟方面成功這件事。就我個人而言，我很慶幸沒有遇過金錢方面的困難，所以才能達到現在的境界，這是無庸置疑。

如果財務狀況吃緊，生活總是要擔心喝西北風的話，我想應該是不會有閒暇的精力去思考其他事情。因此，賺錢是一件很重要的事情，這個想法是不會有所改變。

所以，到目前為止，我寫了許多關於財務的書籍和專欄。還有剛才提到的創業者培育事業，我之所以想要開設這類的課程，就是因為我認為，如果以達到自由自在工作，並且賺進無窮盡的錢財為目標的話，創業正是最適合的方法。

甚至可以在不需要借款的狀況下，多次東山再起。現在我們處在非常幸運的時代，即使沒有金錢、沒有建立實體公司、沒有租借辦公室、沒有聘僱員工，也可以開創自己的事業。

每當我談到如何創業時，一定會出現「那失敗的話怎麼辦呢？」或「我很擔心做不起來」等反對的聲音（也可以說是藉口）。

但是，這是一個天大的誤會。**所謂失敗，是不斷嘗試、不斷摸索的一個過程，它只是一個排除不適合，努力尋找出最佳解決方案的流程。**

透過一一排除那些不適當的方法，最後將只會留下最好的方案。如此一來，我們不就可以獲得「成功」嗎？

而且，**如果失敗了，我們的大腦會為了不要再重複同樣的錯誤，而吸收每次的經驗並學習**。換句話說，我們的大腦會進化成一個很難失敗的頭腦。

經驗老道者或企業經營者的直覺，也是透過這個流程，讓他們的大腦經過千錘百鍊，而能夠在必要的當下立即做出妥當且適切的決策。

然而，如果你因為害怕失敗而不願接受挑戰的話，將無法培養這樣的判斷力。或者，**如果你把失敗歸咎於他人或環境，你的大腦將會認知「出現這樣的過失不是你的問題」，就無法從失敗中學習經驗。如果你不學習，也無法有所成長。**

雖然我們無法改變外在環境，但這樣的生活方式，真的是你想要的嗎？

贏得更信任的氣度

或許**比起失敗，人們在遭遇失敗的處理以及應對方式，才更能看出一個人的氣度。**

我有一位朋友成功地在房地產開發事業占有一席之地，然而過去他在私人企業服務時，那間公司受到雷曼兄弟事件的影響倒閉了。

公司在倒閉之前，遭遇資金周轉不靈的狀況，想當然耳，公司無法支付任何費用。

在這種時候，要對投資人或債權人說明整件事情的來龍去脈，一向都是令人頭痛的事。因為最終會落得遭受眾人謾罵的下場，不停地被所有人追問著：「什麼時候能夠還錢！」或「你們到底在搞什麼！」等問題，所以公司會刻意避免這種狀況發生。但這樣的行為，將使投資人或債權人更加憤怒。

不過，我的朋友身為公司的財務部長，他並沒有選擇逃避，反而每週都會對所有積欠款項的對象進行報告，比如：更新公司的近況報告等，這些對象當然也包括了投資人與債權人。他並不是使用電子郵件的方式，而是採取親自拜訪並對他們進行說明。

這樣的態度在眾人的心目中為該公司的形象大大加分，讓大家感覺到「遇到狀況時，只有你會鉅細靡遺地向我們說明，你真是誠懇正直的人」。

當公司倒閉之後，他便創立了自己的房地產公司，也託該次經驗的福，過去某些客戶飽受前公司倒閉的影響，造成客戶生意上的極大困擾，照理說他們應該不會想再跟相關人員有所聯絡，但這些客戶們居然分享了不少關於房地產的相關資訊，也大方提供給我朋友融資方面的協助。

儘管經濟不景氣，但他卻有了一個幸運的開始，在公司營運第三年，公司的年營業額就已經迅速成長到三十億日圓了。

犯錯經驗更顯珍貴

在美國，大多數的創業者會為了籌措資金，將原有的公司結束經營。不過，他們很快就會開啟另一項新事業，好像什麼事情都沒發生過，一如往常地繼續籌募資金。有「天使」之稱的散戶投資者也完全不會介意，仍然持續投資這些事業。

有些人認為**「有經歷過失敗經驗的人，下一次就能夠做出更好的決策或判斷」**，這與日本人一直以來認為「讓公司倒閉的人，會被視為喪家犬」的觀念完全相反。

對於上班族來說也是如此，**越是能為公司帶來豐厚利潤的人，就越不用擔心遭遇失敗的恐懼。**

當然，除了犯下動搖公司根基的錯誤則另當別論。一般來說，工作上犯了錯誤，可以透過事後寫悔過書以及道歉聲明來獲得原諒。因此，我們應該要不斷挑戰自我、不斷增加可以汲取的經驗，並培養與期許自己可以成長為，對公司有所貢獻的人才。

把子公司的高層主管任務交給前途無量的員工去執行，這樣的人事布局有一部分原因，也是為了培養公司未來的優秀儲備幹部。

當然，如果犯了錯誤，也是會給其他人帶來困擾與不便。不過，只要你保持誠懇的心做出善意回應，就能夠將眾人的負面評價轉換成正面評價，就像剛才提到的房地產公司的例子一樣。

放棄「苦苦努力」，日夜煎熬不可能成功

POINT

- ☐ 如果努力無法獲得回報，那就改變你的態度和努力的方式
- ☐ 人生應該是要「好好享受生活」，而不是「苦苦努力」
- ☐ 請不要失去檢視自己的冷靜心態，也許其實是自己哪裡出了問題也不一定

我想應該有很多人認為「努力是一種令人尊敬的態度」。我認為，應該也沒有人會告誡對方「不准全力以赴」。

「用拚了命的精神努力工作，死不了的。」

「咬著牙繼續做，黑夜結束一定會迎接黎明到來。」

「你的氣勢不夠，你的毅力不夠！」

「不要放棄，放棄的話，全部的努力就會功虧一簣！」

然而，最近我卻覺得「努力」和「全力以赴」，是某種危險的價值觀。我並不是要

否定努力和全力以赴，我擔心的是，那些來自其他人的脅迫與社會壓力，例如：「拚命努力做到精神崩潰」、「瘋狂蠻幹不顧一切」、「即使現在很難受也要咬牙忍下去」等，才是造成人們痛苦的根源。

這裡講個題外話，當我還是個孩童的時候，撥號式黑色電話機，是當時電話機種的主流；想要反覆聆聽音樂的話，就必須得先用錄音帶錄下來後，再放到隨身聽裡面播放；照相則是使用底片式相機，拍攝完畢之後，必須去照相館把相片沖洗出來。不過，現在只需要一台智慧型手機，就可以完成上述所有的操作，非常地方便。

這只不過是冰山的一角，其他如日圓升值和廉價航空的普及，讓人們可以更輕鬆地前往海外旅行，也可以透過網際網路及各大社群網站，讓人與人的交流變得更加方便容易了，這就是一個如此便利的時代。

大環境都有了如此驚人的改變，更不用說那些既有的「成功法則」，一定也會有所改變，我認為這是很自然的過程。

努力不一定有回報

實際上，在現今社會如果不懂得思考，只是單純靠著氣勢與毅力做事的話，是很難會有好結果。

在過去，業務員只要努力登門拜訪客戶和積極進行電話邀約，通常都能夠順利取得與對方合作的機會。若是深夜或清晨時分登門拜訪，對方也會看在「真是服了你的熱情」的份上而買帳。如果郵寄相關資料的話，也一定會有所回應。

然而，如今這種深夜或清晨時分登門拜訪的商業作風，已經被視為一種「不合乎常理」的擾民行為；當對方收到郵寄資料時，或許也會以「洩漏個人資訊」等名義投訴公司。

的確，在昭和時代（西元一九二六年～一九八九年）和平成時代（西元一九八九年～二〇一九年），只要人們願意不眠不休、沒日沒夜地工作，是可以獲得成功。但是這種類似單一性質的勞力型工作，近年來也逐漸被工資低廉的外籍勞工，甚至是ＡＩ人工智慧或機器人取而代之。

換句話說，**與過去不同的是，現在已並非只要付出所有努力，就能有所回報的年代了**。

現在**能夠交出好成績的人，是那些可以理性思考，並採取戰略性行動的人**。以運動員為例，那些以研究數據與科學理論（運動生理學或運動心理學等）為基礎，去安排訓練菜單的運動員，他們會比那些只知道盲目地埋頭苦練的人，更能有效提升自己的成績。

在經濟活動的各種領域中，也是一樣的道理。以行銷為例，行為經濟學或大數據的靈活運用，已經是行銷活動中，越來越重要的一部分。由於觀看實體電視的人數正在減少，即使主打電視廣告的行銷手法，在現代社會也很難再像從前那樣，一定能夠保證商品暢銷。

新商業模式的時代

就我個人而言，我是在平成初期時進入社會工作，當時是一個只要你願意埋頭苦幹、默默付出努力，就能獲得回報的時代。所以當我在一般公司服務時，我便是用這樣的態度面對工作。而在創業之後，我也努力四處奔波，為的就是要把公司規模做大。因此，過去的我也曾經對員工說過：「努力是必須的。」這樣的言論。

然而，進入平成後期，我很常遇見與自己價值觀不同的創業家和有錢人。於是乎，我也改變了自己的工作和賺錢方式。

我以前在首都市中心有一間辦公室，僱用了十幾名員工，我也每天從家裡出發，通勤至公司上班。不過，我現在既沒有租用辦公室，也沒有僱用任何員工，我只用一台電腦就可以進行作業。

儘管辦公的環境與之前大不相同，但是我的收入仍然持續增加，賺的錢甚至比當初經營公司的時候，還要來得更多。

另一方面，我的工作時間越來越短，我不需要每天趕電車通勤，我可以隨時隨地做任何想做的事情，時間相當彈性，幾乎每一天都過著自由自在的生活。

當然，我的身分不是一般的上班族，所以我也接受「這是特殊案例，不是每個人都辦得到」這樣的批評。確實並不是每個人都是像我一樣的工作方式，不過這兩年來由於新冠肺炎疫情的關係，遠距工作或在家工作的情形變得越來越普遍，我認為實際上採取和我差不多類型的工作方式的人們，應該不在少數。

換句話說，也就是越來越多除了線上會議的固定時間以外，其他會議之外的時間，都可以按照自己的步調安排當日行程，也不需要每天趕電車通勤，所以擁有大量的自由彈性時間可以運用。

在我周圍，有越來越多的自由業人士，僅僅靠著做自己喜歡的事情便可賺大錢。他們有以下的共同特點：

- 不過度埋頭苦幹。
- 只做想做的工作。
- 對建立人脈沒有興趣。
- 自由至上的態度。

或許你會對這些特點感到很驚訝。但是，他們並不是真的沒有在努力，你若從旁邊觀察他們，就會發現他們所做的事情本身，就是一種努力。只是**當事人太過於專注，以致於他不覺得自己「正在努力」**。

還有其他特點，像是**「講究合理性、不過於執著」**和**「建立一套活用網際網路的賺錢機制」**。

不過於執著（放棄）正是本書所追求的目標。運用網際網路賺錢的方式，也符合現在後疫情時代的未來趨勢。

強大的「心流效應」

享受工作的自由並且賺大錢的人們，他們把自己想要做的事情、做起來很開心的心情、能感受到自身的使命感等結合起來，視為工作的一環，並且全神貫注於這份工作中。

由於他們對工作極度熱衷，因此做起來也相當起勁，即使工作的時間非常地長，也不會感到辛苦，甚至不用擔心「無法提升工作動力」這種問題。

什麼才是能夠讓人產生高度工作表現的必要條件呢？我想應該就是**擁有「我**

想要做這件事」和「我要自己做這件事」等的強烈動力吧。這也使人們產生了極為強大的專注力量。

當人們處於這種狀態時，會感覺不到「自己正在努力」。這表示身心靈來到了心理學術語所提到的「心流*」（Flow）區域，或以運動表現來看，則是進入「化境」（Zone）的狀態。

在這種專注力量過後，隨之而來的是**「滿足感」**，因此每天都會過得非常快樂。對他們而言，他們完全沒有想要向其他人表現出「自己正在努力」的樣子。更不用說感嘆自己「即使再怎麼努力也不會有回報」這種事情，也絕對不會發生在他們身上。

如果你內心懷抱著「無論再怎麼努力也不會有回報，不會有任何獎勵和正面評價」這種不滿的情緒；或是腦袋裡總是想著「工作好無聊，沒辦法全心全意投入」、「要是有錢，馬上就辭職不幹」，或許此時正是停下腳步的時候。你可以試著改變自己的工作態度，或者直接改變現有的工作內容。

從我自己本身的經歷與身邊其他人的工作方式來看，我覺得「必須要努力」

和「不努力的話，是不會有好結果」，這種強加在人們身上的社會壓力，或許正是束縛人們的無形枷鎖。

換句話說，我認為各位可以**試著懷疑「必須更加努力」和「不再努力一點不行」這些根深柢固的觀念，有時必須得大膽捨棄才行。**

沒錯，**人生就應該是要「好好享受生活」，而不是「苦苦努力」。**

能享受生活才是贏家

在現代的日本，人們不需要擔憂被其他肉食動物襲擊，或是在戰爭中喪生的可能性（雖然大自然的天災也很可怕）。

即使突然失去工作導致經濟拮据，也因為有相應的生活保障制度，所以幾乎不太會發生餓死等情事。

＊譯註：一種將精神力投注在某件事上，達到渾然忘我的境界。會讓人忘記時間、忘記飢餓，甚至忘記所有不相干的身體訊號。

換句話說，無論生活水準如何，如果只是因為還有一口氣而活在這世上，其實可以不用特別做些什麼，便能夠生存下去。

這意味著，**人類有近九十年的生命，都只是在打發時間而已**。去學校上學或去公司上班，也都是一種打發時間的行為。看電視及打電動理所當然是打發時間。你要做什麼（或是不做什麼）都可以。

在過世一百年之後，還會記得自己的人，可能一個也沒有。所謂的「自我存在」，只不過是一粒沙子，在浩瀚的時間河流角落中，轉瞬出現而又隨即消失。只要在不違法的範圍內，稍微表現出做自己的行為，其實並不會對別人造成太大的影響。

被上天賦予的生命只是短暫一瞬間的時光。有些時候咬緊牙關努力很不錯，不過反正都是要打發時間的話，那麼盡情享受不是也很好嗎？人生就應該是「越享受生活的人，越是贏家」。

如果你擁有這樣的人生觀，你也可以這麼想：**「如果太辛苦的話，逃離也沒關係」**。

我們都知道在工作以及人際關係上，會面臨相當多的痛苦和挑戰，但是這些痛苦，都只是屬於消磨時間的一種過程，若在這裡奉獻出過多的珍貴時間，這麼做值得嗎？

從前人們能夠選擇的職業項目比較少，人際關係也比較緊密，或許因為如此，如果逃避的話，就很難再次找回自己的定位吧，過去的年代正是這樣。

然而，現今社會有無數種生活方式讓你選擇，你可以自由地到任何地方去做任何你想做的事情。

自我檢視，找出問題點

儘管如此，**假如你現在的生活過得不開心，很有可能是哪裡出了問題**。希望你**不要失去檢視自己的冷靜心態，也許其實是自己哪裡出了問題也不一定**。

有的人會堅持「自己是正確的，而別人是錯誤的」，這種人經常會無意識地對身邊的人口出惡言而不自知。當事人自身的行為為自己帶來了不幸，這樣的案例實在是不勝枚舉。

自從我開始在網路上寫專欄以來，那些雞蛋裡挑骨頭，或只想找碴刁難的事情層出不窮。當然，每個人有什麼心得感想是個人的自由，但是為什麼會出現這些一再挑毛病的人類呢？是什麼樣的生活方式，使這些人陷入了這種令人遺憾的環境呢？

說起來，即使這些人攻擊或誹謗對方，自己的生活也並不會因此而有所改善。但是，確實有些人的生活背景，導致他們產生這樣的言行。

如同我在第二章有提及，這很可能是因為他們在現實生活中，沒有被滿足到內心所渴望的自尊需求而做出來的行為。但是，問題在於，他們並不認為自己是錯誤的一方。

他們已經被「自己是正確的」、「自己比較聰明，犯錯的都是別人」的這種刻板印象所制約，腦海裡經常出現「別人是差勁的」、「公司是差勁的」、「政府是差勁的」、「整個社會是差勁的」這種想法。

然而，若是一直反覆陷入這種思考的迴圈之中，會更難以自拔，讓自己的人生始終處於無法獲得滿足的狀態。

這樣的人無論發生什麼事情，也不會改變自己的想法。正因為憑藉著像鋼鐵一般的意志生存在這個社會上，所以他們無法回顧反省過往的自己，也無法適時修正自己的人生道路。

到最後，這些人之中的大多數人，甚至完全沒有「我所做的事情，是否對自己的人生發展有任何貢獻呢？」這種疑問，就這樣走完了他們的人生旅程。

為了不要讓自己的人生過得如此令人厭惡，**有一點非常重要，那就是——請不要失去檢視自己的冷靜心態**。

首先，可以從**「換位思考」**的觀點來切入，正如我在第四章提過的「無視自己的孩子們在地下鐵車廂內嬉鬧、跑來跑去的父親」例子。

例如：社會上對於「購入自有住宅與租屋，哪一個比較划算？」的這個議題永遠都具有爭議性，人們會互相批判對方的立場不對，進而肯定自己的立場。

這裡也要請各位換個角度思考，「假如自己的想法是錯誤的，對方的想法是正確的，那這個問題點在哪裡？」

假設你是支持自有住宅的人，你就可以想像「偏好租屋的人，可能認為房貸是一種風險吧？」或「如果遇到辭職換工作或工作地點異動，他們就很有可能要搬家？」等；假設你是支持租屋的人，你就可以想像「偏好自有住宅的人，可能預想年老以後會有無法繼續租屋的風險吧？」或「可能他們想要一個能夠按照自己想法，自由裝潢的房屋吧？」等。

以結果來說，即使自己的想法並沒有錯，但是對方也有他們的考量，雖然雙方的想法各有不同，不過你應該要能尊重並接受對方的想法才是。

另一個觀點，可以從**「劃分感性與理性」**的角度來切入，那麼你就能夠理解，大多數的誹謗中傷的言論，都是來自情緒化「因為我不喜歡」的感覺，而不是合乎邏輯且具有說服力的意見。

你應該能夠把那些說出攻擊言論的人，視為「只是惱羞成怒又心胸狹窄」，並對其視而不見。

相反地，如果你想指責或批評某人，請務必試著嚴加分辨「這究竟是自己的情緒問題，或者是邏輯問題？」

如此一來，你便可以察覺到，你只是「因為別人與自己的想法不一樣」和「因為自己的價值觀被否定了」等原因，而感到惱怒。

一個正直嚴謹的人可以控制自己的感情，使情緒處於穩定狀態。越是優秀的人，視野也就越開闊，對不同價值觀的接受程度也越高。因此，他們並不會隨意流露出自己的情緒。

如果對方很容易情緒化，就表示他是個不成材的人；相反地，如果你很容易情緒化，就表示你是個不成材的人。

假如對方的意見合乎邏輯，你可以一邊想著「或許我的想法不正確」，一邊點頭稱是，並且試著專心聆聽對方的說法。這麼做不僅能夠拓展自己的思維模式，亦可加強自己的邏輯性。

我在這本書中的想法也可能有誤。這是因為針對不同的人事物，或不同的時間與場合，也會有不一樣的說明和解決方案。因此，如果有人抱持著反對的意見，那也是理所當然。

如果我發現對方的觀點合乎邏輯且具說服力，我會想用它來補充或加強自己的論述。以結果來看，我觀察事情的角度將會變得更加精準，我相信這對未來創作其他作品的品質，一定也能夠有所提升。

就這一點來看，來自他人的合乎邏輯建議，可以說是一件令人開心的事。

我相信，**如果你能夠擁有這種柔軟且靈活的思維模式，就能夠在放棄之後，擁有屬於自己的幸福人生。**

放棄「眼前小利」，目光聚焦生涯大戰略

POINT

- □ 將工作視為一種「讓自我成長的手段」
- □ 為了要達成自己的目標，有時候必須要暫時退出
- □ 外在的輸贏沒有任何意義，重點在於你是否能夠認同自己的人生

我以前曾經看過一則新聞，是討論「中國的網路論壇文章，引發中國社會廣大輿論聲浪」的事。

那是一篇有關於「中國人嘲笑那些在中國租農地，卻白白讓土地閒置五年的日本人，但是經過五年之後，所有嘲笑的中國人卻對結果震驚不已」的文章。讓我簡明扼要地說明原委。

跌破眾人眼鏡的戰略

日本三家知名大型企業，在中國山東省共同投資土地，租借了一公頃的農耕地，為期二十年。然而在最初的前五年，日本方面完全不管農耕地的狀況，就這樣閒置在當

地，任由雜草恣意叢生。

為此，當地農民傷透了心，同時也開始懷疑「日本人租借土地的動機，是為了尋找深埋在地底下的寶藏」。

經過五年後，日本人終於開始有所行動了。首先，他們飼養牛隻，使用牛糞有效改良了當地土壤品質。採取無施農藥的方式種植農作物，並且使用這些農作物當作餵養牛隻的飼草料，讓牛隻們可以分泌出優質牛乳。

對於閒置土地五年無人看管的原因，有相關人士透露，這是因為「要在播種之前先培養優質土壤」。據說他們把土壤品質視為最優先要務，透過這種方法，使得原本雖然肥沃，但卻充滿了化學肥料與農藥藥劑的受損土地，耗時五年的時間，總算成功恢復為原始的樣貌。

對農作物則是堅持採取不施灑農藥的耕種方式，種植的品項有玉米、小麥、草莓等。但是在初期時，產量卻不盡人意，接連著出現赤字、虧損不斷等情形，這便成了當地農民的大笑柄。

然而，又過了五年之後，這裡生產的牛奶價格是國內市場行情的一．五倍，而草莓的成交價格也持續攀升。如此出人意料的結果，讓當初在一旁冷嘲熱諷看笑話的中國人都跌破了眼鏡。

有關食品安全問題的部分，至今仍然是中國所必須面對的重大課題。重要的不是只有眼前利益，而是必須要著眼未來，了解應負的損失，踏穩根基後一步一腳印帶著自信向前行，這才是正確的做法。

大致就是這樣的一個故事。文章的觀點，雖然是從中國人和日本人的民族性格差異去切入，但即便是日本人，也是**有不少人僅看重眼前的既得利益，並沒有考慮到長期的利弊得失。更具體一點來說，他們缺乏了「戰略」頭腦。**

得不償失的待遇要求

我們也可以在職場中看到類似的例子。比方說，有些人會因為薪資低或無法調薪時，向主管或公司要求進行協商或談判。我認為，這些人並未具備身為一名受薪階級的優良策略。

「向公司要求更高的報酬」，意味著如果你沒有拿出與報酬同等或者更為出色的工作表現，對公司而言，只會認定「花費的人事成本比較貴」，自然而然會遭到公司的「冷眼看待」。

這是因為公司是從整體營運狀況，以及員工對公司的貢獻程度，去計算每個職位的薪資分配，如果員工在協商時堅持要求提高工資，那就反映出這位員工並未考慮到企業經營面，是一個「以自我為中心」的人。

此外，從旁人的眼光來看，如果那位員工沒有拿出與薪資相稱的工作表現，旁人會覺得「那傢伙明明薪資這麼高，結果工作能力卻這麼差」。那麼，那位員工在公司將會越來越難生存，同時也有極高的可能性，會被公司列入裁員名單之中。而這樣的結果，終將使得自己失去在公司的立足之地。

不過，假如被公司認可並獲得升遷機會，讓公司認為「聘用你所花費的人事成本比較低」的話，對公司來說，你就是一位不可輕易割捨的人力資源。相同地，旁人也會給予「那個人理所當然能夠領到那樣的薪資」的評價。

如此一來，由於獲得公司與眾人的認同，因此不太容易被列入裁員名單中，同時也能夠找到自己在公司的定位。

薪資不是你要求多少公司就得無條件配合，而是要經過其他人認可才能夠獲得。如果你一開始就貪婪地想要賺取高額的收入，那麼你未來的職場之路，勢必會走得相當艱辛。

我在私人企業服務時，看過很多類似的例子，因為上述原因員工離開了公司，而在我經歷過聘僱員工和支付薪資的管理階層位置後，現今的我更能夠理解這個道理。

比薪資更重要的事

公司員工有些什麼樣的特權呢？應該就是**可以用公司的錢進行各種實驗，在領薪水的同時，也跟著提升自己的工作能力。**

說起來，一間公司就是一個充滿機會的寶庫。一般來說，當我們想要學習某項技能時，通常必須得付費才可以。但是，在公司不僅可以領到錢，還能學習到工作技能。

正因為有公司的名號加持，我們才能夠有機會和各式各樣的人見面，也能夠透過主動接下充滿挑戰性的計畫案，來磨練增長自己的技能與工作經驗。

如前所述，在大多數的情況下，即使犯錯也只需要寫悔過書與誠心道歉就可以解決，如果是非常嚴重的過失，就有可能會被公司減薪或砍掉獎金。但一個人的職業生涯大概長達四、五十年，在這過程中，多多少少都有可能會遇到幾次減薪的情形。

你應該要思考，是否有必要為了調升那一點金額，而與主管或公司產生衝突呢？還是你要為了提升整體效益，以達到「年收入〇〇億日圓」的生活水準，而持續精進鍛鍊自己呢？

又或者**你是否能夠從長遠的角度思考，現在應該要做的事情以及你所具備的條件，是否能讓自己達到有如倒吃甘蔗般，越來越充實的人生目標呢？**

我認為，**每項職業中的「戰略」，應該是要把工作視為一種「自我成長的手段」，而不是只把工作當成是個賺錢的方式。**

當自己的工作能力越強，所屬的企業就會越需要你，你就能夠在一間公司長久發展。根據你所學習到的技能與工作經驗，也進一步增加了未來自行創業或轉換跑道的可能性。

像這樣，如果你有了更多的選擇之後，那麼即使突然遭到公司的經營方針或整體大環境的改變，你也能夠臨危不亂、不疾不徐地提出對應之道。

如同我在第二章中所提及的內容，我選擇了進入營運策略顧問的外商公司服務，是因為我的目的是要尋求一個「能夠徹底鍛鍊自己的環境」，我完全不在乎年薪或公司福利等待遇，所以才能夠造就今天的我。

放低姿態能跳更高

在戰爭中，當遇到因敵方的攻擊，導致己方陣營亂了陣腳，有時會為了下一場的戰事做準備，因而決定「暫時撤退」以休養生息。

即使某些地區戰敗了，作戰指揮部會選擇將部隊調到更重要的戰區，並重新思考作戰戰略，或者重新整裝武器彈藥等裝備後，再次進攻等，這些都是作戰指揮部觀察和分析整場戰役情勢後，為了達成「贏得戰爭」的目標，所做的決策。

這一點與在職場上的「判斷力」是相同的道理。為了自己的提案能夠在最後關鍵時刻通過，或為了能夠簽下重大的合約，人們應該會選擇在當下的會談中，刻意採取弱者之姿，或在與對方進行商談時，全盤接受對方的條件等。

例如：在會議中，當其他人對你的提案發表反對意見時，你是會用粗暴的語氣說：「你說什麼！」還是會用：「原來如此，我沒有注意到那一點，謝謝您的指正與敏銳的觀察力。接下來請容我以您的建議為參考依據，並對本計畫案進行修改，這樣您覺得如何呢？」來表達自己的意見呢？

像這樣一邊訴說著自己的想法，同時又以對方為尊，透過這種方式，或許能夠拉攏持反對意見的人，成為自己的盟友也不一定。

換句話說，**為了達成自己原本真正的目標或目的，有時候採取「暫時撤退」的策略性方式，也是種必要的手段。**

還有另外一種狀況，是當你在向主管進行工作報告時，卻被主管指正道：「我說你呀，我請你做的，是有關於〇〇公司的業務報告，你是不是弄錯了啊！」

「嗯？您說的應該是△△公司喔。」

「你在說什麼，是○○公司。」

「應該不可能，請您看看當初的會議紀錄，上面寫著△△公司。」

是的，其實是主管自己犯了錯誤。我相信一定有很多人曾經與自己的主管為了「是否有說過這樣的話」而產生類似的爭論情形。

因此，在開會後透過電子郵件分享會議紀錄給團隊的成員，確實是個有效的方法，尤其是對那些時常朝令夕改的主管們。

不過，一般的主管在遇到下屬這樣的態度時，只會覺得自己的意見被否定，而產生不愉快的情緒。即使下屬的做法在當下是保全了自己的尊嚴，但是對於主管與下屬之間的關係，卻無法產生積極正向提升的力量。

那麼，如果換成以下的說法，會是怎麼樣的情形呢？

「嗯？我聽到的是△△公司。」

「你在說什麼，是○○公司。」

「好的，我想應該是我一時沒聽清楚，寫成另外一家公司了。當初應該先與您確認會議紀錄內容正確與否才是。真是非常抱歉，我立刻補上〇〇公司的業務報告給您。」

這樣的說法應該會讓主管立刻察覺到是自己弄錯了，而下屬的一番話也給了主管一個體面的台階，主管可能會接著說：「不，或許是我沒有講清楚也不一定，總之後續就再麻煩你了」，這樣的對話結尾，讓場面不至於太過難堪。

當然，這種方式也要根據當時的狀況與內容而定，無法一概而論。不過，**為了證明「究竟誰對誰錯」而與主管爭論不休，很明顯地對雙方完全沒有任何好處。**

即使你不向公司出賣你的靈魂，但如果你執意反抗公司、與公司針鋒相對的話，會造成反效果，讓自己在工作上越來越綁手綁腳而無法盡情發揮。

說到這裡，讓我想起幾年前，我在菲律賓遇到了一位非常傑出優秀的日本大學生，他當時是在當地的一家公司實習，我曾經和他一起吃過飯，並且對他席間所說的話印象非常深刻，至今仍記憶猶新。

他說：「我看不懂《半澤直樹》這部戲，如果不喜歡那份工作的話，再換一份就好了啊。**如果為了追求正義，也可以走自行創業這條路。戲中主角反抗主管與公司，讓雙方形成劍拔弩張的緊張局面，誰也不肯先讓步，對主角而言，他究竟想要達到什麼目的呢？」**

比一時不如比一世

「我的職場升遷之路不如同期」、「他的年收入比我更高」等，像在這種地方與別人爭輸贏，都只是些很小很小的區域戰爭而已。

而在其他地方，如：在「我原以為跟我一樣都是單身的好朋友，居然先結婚了，而且對象好像還是在知名大型企業任職的大帥哥」等地方爭輸贏，也都只是非常小的區域戰爭。

重要的是，**要在稱為「人生」的這場戰役中，獲得最終勝利**。然而，這是一種名為「幸福」的自我內心狀態，所以它並不是由與他人的勝負所決定。這是因為外在的輸贏沒有任何意義，重點在於：你是否能夠認同自己的人生，而這正是只有當事人才能知道的事。

即使我們看到別人和多美麗、多英俊的人結婚，我們也永遠不知道他們背後是否有其他故事。或許外在看起來光鮮亮麗，但是有可能因其中一方出軌、外遇，讓夫妻關係降到冰點；甚至雖然兩人同住在一個屋簷下，但卻分住兩房的情形也有可能。

無論我們看到某人在社會上取得多麼高的成就，說不定他本人正懷抱著孤獨與焦慮；儘管坐擁萬貫財富，內心卻有可能是極度空虛。

那些表面上事業相當成功，卻在一夕之間突然自殺的演藝人員新聞，每每都會震驚社會並引發熱議。在職場上也可以看到類似的例子。例如：一位身為公司王牌的優秀員工，背負著公司業績使命，卻罹患了憂鬱症而辭職離開，令人錯愕惋惜。在我的身邊也有不少看起來感情很好的夫妻，卻默默離婚的案例。

別人的成功和自己的幸福快樂完全沒有絲毫關係。正因為如此，**你更應該明確定義自己幸福的主軸為何，並且嚴格區分哪些事情有助於得到幸福，或無益於得到幸福。**

如果你能夠清楚掌握「這就是我要的幸福之路」的主軸，那麼「比較」對你而言，就變得毫無意義。與他人的輸贏或勝負也會變得越來越無關緊要，你也能逐漸接受自己與他人的不同。這才是一種能夠按照自己的步調，並用自己的方式生活的基礎所在。

結語

「滿足、安穩、自我認同」，絕不放棄

到目前為止，我以「放棄」為主題撰寫了本書內容，最後我要來談一談關於「不可放棄」的事情。

正如我在書中反覆提及的內容，那就是**追求幸福生活**這件事。

我們之所以活著，不是為了滿足某人的期望，也不是為了戰勝某人，亦不是為了不被討厭，也不是為了不丟人現眼。

原本我們理應可以用自己的方式，更加自由自在地生活，但是卻因為被各種世俗的刻板觀念束縛，讓人感到不自在。

如果這些是能夠為人們帶來幸福快樂的刻板觀念倒也無妨，不過，因為日本的社會風氣還是比較封閉，因此，似乎大多數的人依然無法幸福生活。

我在本書提及到「執著是一種停止思考的行為」，而被刻板觀念束縛，也是停止思考的行為之一。

停止思考等同於放棄了按照自己的方式生活。如果你停止了思考，你就只能順從他人、隨波逐流而已，沒有其他的選擇。

這就是為什麼我們必須不斷思考的原因。我們必須思考自己想要追求的幸福模樣是什麼，以及要如何做才能實現這個目標。

我們必須要擁有一種引導思考模式轉向的態度，除了引導人們日常生活大腦內部運作的「想法」及「情緒」等下意識的區域之外，也要能夠將思考模式引導至「思考後下判斷」等有意識的區域內。

人生幸福三要素

當然，每一個人對於所謂的「幸福」，都有各自不同的見解。容我介紹我心中的組成「幸福」的三個要素。

首先是「滿足程度」。舉例來說，大部分的日常生活用品你都擁有，金錢方面還算過得去，偶而還可以奢侈一下，沒有因為缺少了什麼日用品而造成生活上的不便。

如果日常生活總是充滿緊繃，沒有閒暇時間可以放鬆的話，那將會很容易無法感到幸福快樂。所以我認為，要先以滿足基本的食衣住為前提，是非常重要的一點。

而且，這部分有很多東西都可以使用金錢解決，所以**賺錢還是很重要的**。因此，我對於賺錢這件事也相當感興趣。

此外，如果與家人、朋友或工作夥伴之間擁有良好的人際關係，也會為自己帶來滿足感。**我們身邊之所以存在著那些，對我們而言極為重要的人，或是想要珍惜的人，正是因為他們就是我們日常生活的動力來源**。

其次是「安穩」。比如：不會遇到令人困擾的突發狀況、不會被麻煩人物耍得團團轉、不會因周遭環境的變化而心煩意亂。

這是一種沒有焦慮、沒有煩惱、沒有過度壓力的狀態。**當你的情緒起伏波動越少時，你就越能夠對你每一天的生活感受，都保持在極為滿意的狀態**。

這可能取決於每個人的意志力強度，以及對事物的看法和接受度不同而各有異，不過強韌且具彈性的意志力，或許是我們每一個人在當今時代生存下去的必備要素。因此，我也正在寫有關於如何鍛鍊意志力的書籍。

最後一個是「認同感」。這是對自我價值觀與最終判斷的自信心。我自己對於我過往的生活方式還算滿意，從今往後我也有信心能夠繼續下去。

我認為擁有以下這些感覺，是獲得幸福的必要條件。**一種**是由自己決定的感覺，你自己決定自己的生活方式；**另一種**是駕馭的感覺，對所有與你有關的事情，都能夠做出適切妥當的判斷；**最後**是掌握並且理解的感覺，對於自己的未來前景，做出某種程度的預測，並且能夠跨越不同的難關。

你必須要確實相信，深植在自己內心的價值判斷標準，是清晰且合理的，這也是本書的寫作目標之一。

當你放棄某件事物時，如果你擁有足夠的信心確定這樣做是比較合理的方式，那麼你應該不會感到猶豫和後悔。

我認為，這種「不會後悔」的想法，也是讓人們獲得幸福快樂的必要條件。

確立價值判斷的思考

那麼，要如何建立自己內心的價值判斷標準呢？首先，**你必須要明確知道你想成為的樣貌，以及你想成為的狀態是什麼**。若缺少了自己的方向性，也就是沒有主軸的話，你是無法做出任何判斷的。

我認為十幾歲的青少年，欠缺成熟判斷力的原因，是因為他們缺乏相關經驗與知識，再加上「想成為什麼樣的人」及「想要變成什麼樣的狀態」等大方向，都還處於相當模糊不清的階段。

以我的例子而言，我的大方向是「追求自由」，所以我用「這件事是否讓我充滿彈性自由」或「這件事是否妨害了我的自由」等標準去評估事物，透過這個方法，便可以做出接受度高且自己也會認同的判斷。

再來，則是**要為「自己能接受的合理性」下定義**。我能接受的合理性是以「是否有利潤」、「是否划算」、「是否舒適」、「是否安全」、「是否令人放心」為基準衡量評估。

「是否有利潤」和「是否划算」這兩點應該很容易理解。不過假設某份工作能夠獲得不錯的收入，但卻會與我想要的自由相互衝突的話，我也會毅然決然地拒絕這份工作。

關於「是否舒適」這部分，我想可以用具備冷暖氣的房間來思考會比較好理解。如果一個房間冬天要忍受寒冷，夏天要忍受炎熱的話，那對於生活的舒適度將會大打折扣。因此無論電費和瓦斯費再怎麼漲價，我也會願意多花錢。

關於「是否安全」和「是否令人放心」這部分，包括了我會為自己居住的房屋購買房屋保險，也會考慮食品衛生安全之後，選擇令人安心的食物。

如果你能夠像這樣明確地表達出，有關於自己生活方式的大方向，並且訂定優先順序的話，自我價值判斷的標準，自然而然就會變得更加清晰。我認為，那將會是一個令人滿意的判斷，也是一種接受度高，且自己也認同的生活方式。

然而，要做到這一點，還是要**累積一定程度的人生經歷，然後靠自己做決定，並且回顧、反省及驗證自己的決定，不斷地重複著這樣的流程，是必須且重要的工作。**

不受他人影響的自主權

如同我在本書中所提及，在現今的日本社會，我們不需要想得那麼多，甚至不用事事自己決定就能夠生存下去。

小時候聽從父母親的決定；學生時代聽從老師和同儕等人的決定；進公司之後聽從公司和主管的決定，所以像這樣船到橋頭自然直的日子還算過得去。

或許有些人嘴上會說：「不，我要按照自己的想法來做決定！」不過當他們在找工作時，也會選擇知名度高的大型企業、員工福利制度完善的公司等；當他們要購買自用住宅時，也會偏好新成屋與通勤方便的建案。雖然如此，他們還是憑藉著「自己的喜好」、「直覺」、「一般觀念」來做決定，基本上應該不會有太大的問題。

或者，有些人過著與「自己做決定」完全絕緣的生活，例如：每天早上固定時間起床、搭乘固定的電車通勤、在固定的餐廳吃中餐、固定在下班後直接回家、邊看電視節目邊吃晚餐、滑一下手機，最後上床睡覺等日復一日的生活。

我們的生活中大部分的時間都充滿了「不得不做的事情」，這些事情即使不去思考、不去判斷也會持續出現。

當我們的日常生活被各種事情淹沒時，人們就無法專心思考自己的幸福快樂樣貌，也不會意識到要回顧、反省及驗證自己所做出的決定。然後，就在自我價值判斷標準維持在一個模糊不清的狀態下，人一生中的十年、二十年光陰，很容易就在轉瞬之間消逝無蹤。

當然，也有人認為這樣就很幸福，所以我並沒有否定這種想法。但是，身為民主國家公民的我們，也有權利自行決定是否要細細體會那樣的幸福感。

面對新型冠狀病毒肺炎的疫情，世界各國都採取了嚴格的封鎖措施。不過若稍微環視周圍狀況，會發現在先進國家中，除了日本以外，未採取較強硬的行動限制的國家似乎不多。

「自肅」基本上是一種「請求」，不是一種罰則（不過後來因為修正了特別處置條例，所以還是會處以罰鍰）。這是因為日本是一個尊重基本人權、保障人民主權與個人權益的國家。

在與日本鄰近的大國，人民有可能因為批評國家元首而遭到逮捕；在靠近其東邊半島的國家，人民也有可能因為發表親日言論而遭到殺害。

然而，在日本，無論你說什麼（誹謗他人除外）都是允許的。在某些國家會因為宗教的關係而對飲食有所限制，但在日本基本上都是自由的。

只要遵守法律規定，人民可以自由選擇職業、自由移動到想去的地方、自由買賣、自由選擇教育方式，也可以自由戀愛、自己選擇想要交往的對象。

對於誕生在日本，身為日本人的我而言，算是非常的幸運，就好像在人生遊戲中，擲骰子一開始就擲出了六點一樣。

這樣思考後，你心裡是否也出現了**「如果不行就放棄，尋找其他的方法就好，無論是什麼方法，都可以嘗試看看」**的想法呢。

午堂登紀雄

二〇二一年三月

國家圖書館出版品預行編目（CIP）資料

努力有底線，不拚更能贏：「對的放棄」徹底擺脫壓力煩惱，學會轉彎「設立停損點」，走出不一樣的成功人生 ／ 午堂登紀雄著；陳畊利譯. -- 初版. -- 臺北市：方言文化出版事業有限公司，2022.02

面； 公分 --

譯自：人生は「あきらめる」ほうがうまくいく!

ISBN 978-986-5480-70-7（平裝）

1.心理勵志 2.人生哲學

177.2 110022269

努力有底線，不拚更能贏

「對的放棄」徹底擺脫壓力煩惱，學會轉彎「設立停損點」，走出不一樣的成功人生

人生は「あきらめる」ほうがうまくいく!

作　　者　午堂登紀雄
譯　　者　陳畊利

總 編 輯　鄭明禮
選 書 人　李志煌
責任編輯　蕭瑋婷
業 務 部　康朝順、葉兆軒、林傑、林姿穎
企 劃 部　林秀卿、江恆儀
管 理 部　蘇心怡、莊惠淳、陳姿仔

封面設計　張天薪
內頁設計　莊恒蘭

出版發行　方言文化出版事業有限公司
劃撥帳號　50041064
電話/傳真　（02）2370-2798／（02）2370-2766

法律顧問　証揚國際法律事務所　朱柏璁律師

定　　價　新台幣320元，港幣定價106元
初版一刷　2022年2月23日
I S B N　978-986-5480-70-7

JINSEI HA “AKIRAMERU” HOGA UMAKUIKU! by Tokio Godo

方言文化